毛泽东诗词鉴赏

田秉锷 编著

上海三联书店

图书在版编目（CIP）数据

毛泽东诗词鉴赏 / 田秉锷编著．—上海：上海三联书店，2012.9（2025.11重印）

ISBN 978-7-5426-3932-5

Ⅰ．①毛… Ⅱ．①田… Ⅲ．①毛主席诗词－鉴赏 Ⅳ．①A841.4

中国版本图书馆 CIP 数据核字（2012）第 184279 号

毛泽东诗词鉴赏

编　　著 / 田秉锷
责任编辑 / 叶　庆
特约编辑 / 周正朗
装帧设计 / Metis 灵动视线 TEL.010-85983452
监　　制 / 任中伟
出版发行 / 上海三联书店
(201199) 中国上海市都市路 4855号2座10楼
http://www.sjpc.1932.com
邮购电话 / 021-24175971
印　　刷 / 河北翔驰润达印务有限公司
版　　次 / 2012 年 9 月第 1 版
印　　次 / 2025 年11月第 51 次印刷
开　　本 / 710×1000　1/16
字　　数 / 246 千字
印　　张 / 15.25

ISBN 978-7-5426-3932-5/I · 624

定　价：35.00元

前　　言

在二十世纪下半叶的五十年间，中国的任何一个当代诗人的诗词都无法与毛泽东的诗词盛誉相埒。跨入二十一世纪，毛泽东诗词在中国民众中的魅力，似乎还没有弱化的迹象。这让我慨叹：即便在一个日趋平庸、不易再产生大人物的时代，芸芸众生仍然怀抱一丝浪漫，渴望从昔日的雄杰身上汲取生命的阳刚。

作为中华人民共和国的“国父”，毛泽东志不在案牍也明。故其诗、词与书法，均不妨以休闲笔墨视之。或以为此论不恭。我却自信这是较公允、也较中平的定位。考毛泽东一生，始终以革命济世为己任，又何曾斤斤于名列诗人、书家之林？当然，大人物的偶一为之，亦与小人物的全力而为浮沉天壤；知此区别，欣赏毛泽东诗词、书法便可得其仿佛。

毛泽东伟人也。毛泽东诗人、书家也。伟人与艺者双兼，这让国人在欣赏毛泽东诗词与书法时，多了一份仰视天颜的敬肃。流风所及，“拜读”成风，甚至一些学者专家的鉴赏文字亦大多难免浮言虚谀之弊。

毛泽东逝世后，政治景仰虽然仍在，但已走出神化的螺旋。待清明的常识复苏，对毛泽东诗词与书法的鉴赏，自然可以回归于审美平等。无须另眼看待，毛泽东的诗词与书法都体现着世纪奇峰的孤绝特征。这是毛泽东独特的个人经历在诗词、书法转化中的投影所至。内容之不可仿拟，气度之不易效法，让毛泽东诗词与书法皆有别于往昔所有诗人的传统吟哦和所有书家的循规点画。尤其在二艺双精的合璧上，毛泽东艺境之高逸，同时代无人与之比肩。我想起了汉末曹操。曹操为诗，雄绝苍凉、冠于一时，但尚有建安七子、曹丕、曹植与之辉映。相比之下，毛泽东分外寂寞。柳亚子、郭沫若、周世钊诸应和者，“稍逊风骚”也！

至今为止，对毛泽东诗、书艺品的权威性或一致性评价都没有形成。媒体宣传与教科书认定，都还是局限性、过渡性的。但这个时代的人，可以轻松读毛泽东了。

让毛泽东的诗、词与书法，在不加鼓吹的氛围里回归中国诗史与中国书法史的时代序列，是时代清明与平民自信的双重吁求，让对毛泽东诗词与书法的鉴赏，变成中国大众的文化常餐，自加选择、自加品味，是文化传播与文化接受的必然呼应。星疏月朗、冰清沙白的境界，都会出现的。

基于上述认识，我对本书的编撰并不抱不切实际的幻想。新的标准与新的视点，尚未形成；连最为自由的“品评”，也只能要求杜绝毫不关艺术鉴赏的政治赞誉，减少悬空性的艺术溢美，回归于稍有个人色彩的艺术漫议。不排斥贯通式的梳理，也不排斥选取关键诗句的自由抒发，只是注意不进行艺术论争，并且不对自认为存在的毛泽东诗词的不足之处加以指教或评判。因为，这不是一本普及性小书的任务。

五年之前，我应我的学术之友朱迪卓先生之约，参与一本《毛泽东诗词鉴赏》的撰稿。初分我五六篇。后迪卓先生来函，说有些先生的文稿不便再改，嘱我重撰。如此，我的任务即由五六则增至近三十则。为了践约，迪卓先生还要签署原先应约者的名字。当然，稿费是给我了。这次应命新编一本毛泽东诗词书法鉴赏，其自然参酌了五年前自撰的旧稿。特予言明，以防误解也！

田秉锷

二〇〇二年十一月七日于彭城黄河新村

目　　录

正　　编

副　编

毛泽东对联精选

附录：毛泽东关于诗词的书信

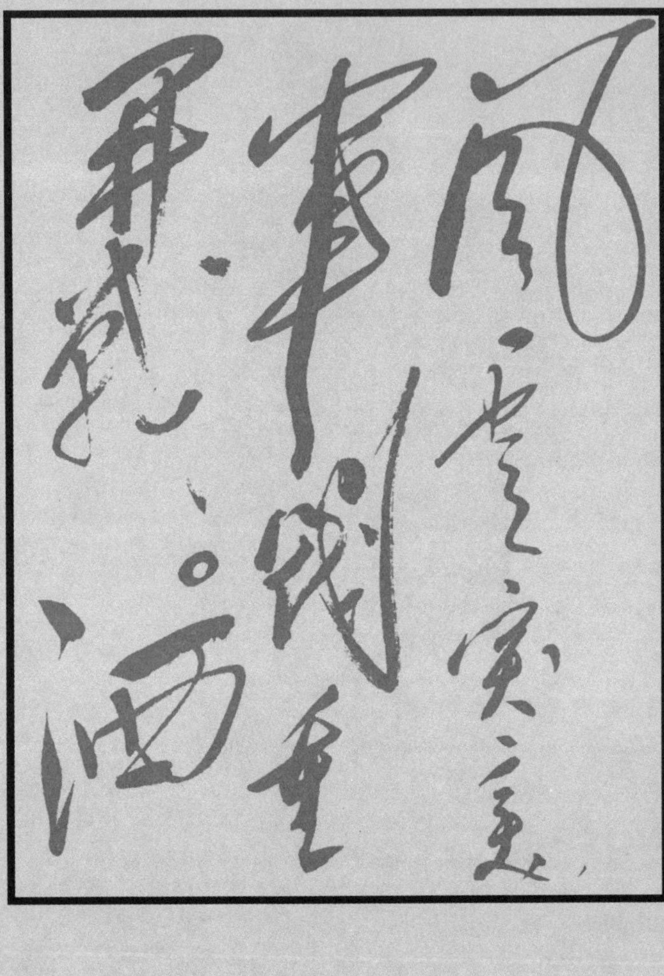

正　编

1925年10月毛泽东到广州不久，即代行国民党中央宣传部长职务，进行反帝反军阀的宣传工作，巩固和发展统一战线，坚决地进行反对国民党右派的斗争。

贺新郎·别友

(一九二三年)

挥手从兹去。更那堪凄然相向，苦情重诉。眼角眉梢都似恨，热泪欲零还住。知误会前番书语。过眼滔滔云共雾，算人间知己吾和汝。人有病，天知否？　今朝霜重东门路，照横塘半天残月，凄清如许。汽笛一声肠已断，从此天涯孤旅。凭割断愁丝恨缕。要似昆仑崩绝壁，又恰像台风扫寰宇。重比翼，和云翥。

【题解】

“贺新郎”又名“贺新凉”、“金缕歌”、“金缕曲”、“金缕词”、“风敲竹”、《貂裘换酒》。双调，116字。前后阕各十句、六仄韵。别友之“友”，指诗人之妻杨开慧。1923年6月，毛泽东赴广州参加中共三大，同年冬，复离长沙经上海赴广州参加于次年1月召开之国民党一大。词写于第二次赴穗时。不言“赠内”、“别妻”而言“别友”，乃诗人有意强化与杨开慧之同志情、战友谊也。

【注释】

[挥手从兹去] 语本李白《送友人》“挥手自兹去”。

[欲零还住]谓别泪欲落又止。零，落。《诗经·定之方中》："灵雨既零"。

[东门] 泛指离别地。古乐府瑟调曲有《东门行》，词云："出东门，不顾归。"或说本词东门指长沙城东小吴门。

[横塘] 借指女性居处。唐崔颢《长干曲》："妾住在横塘。"本章实指长沙小吴门外清水塘。

[汽笛] 指火车汽笛。清水塘距火车站不远，故得闻。

[重比翼，和云翥] 谓他日重逢，必比翼双飞，高翔云表。屈原《远游》："鸾鸟轩翥而翔飞。"

【品评】

毛泽东与杨开慧1920年冬天结婚。1921年夏夫妻短暂分别，毛泽东有《枕上》一词以记之。欣赏此词，若与《枕上》对照，更易晓其风旨。诗词最雅，但"闺情艳语"仍属夫妻"悄悄话"。"悄悄话"最真、最诚，聆之亦别有意味也。

上阕，开篇一句"挥手从兹去"，化用李白成句，紧紧扣住词题之"别"字。直截了当，不绕不拐，反映了诗人的纯情个性。毕竟，他是去承担又一重大使命，分别是无可回避的选择。接下来的"更那堪"二句，为由景入情的重要一笔。这"情"，是"凄然"的"苦情"，是不能不"重诉"的"苦情"。从"眼角"二句开始，皆叩住"重诉"展开，多角度表现了夫妻间的"误解"与"理解"。"书语"，不宜泥解，不一定要坐实是毛泽东的书信造成杨开慧的误会。夫妻之爱，常被文人夸说为甜蜜的完美，毛泽东却在字里行间直言"误会"，既出之其正视人生，亦出之其至诚至爱。所以，才有以下数句的劝勉、鼓励，以"知己"相许，以天地间之唯一相期。"人有病，天知否？"天不知人知，人不知妻知，"知己"者，天地一人也！

下阕，"今朝霜重"等句直接上承"挥手"，铺陈惜别场景。"霜重"，状季节，为大时间；"残月"，定晨昏，为小时间；"东门"，指小吴门，背后乃长沙城；"横塘"，为清水塘，前面是火车站。诗人远行，妻子相送，"挥手"之间，一个倚门而待，一个"天涯孤旅"，所以才有月凄清而人肠断！"苦情"的逆转，在"凭割断"一句；而"苦情"升华为"豪情"，则由“要似”一句完成。词中的“昆仑”、“台风”诸意象，实际上是革命形势的比拟和革命豪情的抒发……

在诗人营造的意境里，诗人与他的妻子，借着“挥手”的一瞬，化为永恒的惦念与翘盼！有多少炽热的阅读期待，便有多少昔日的风华再现！

《贺新郎·别友》的艺术风格，与诗人中后期诗词的风格相比，表现为“各别”。“各别”的佐证，便是“苦语”多、“哀语”多、“情语”多。坦坦而发于心，诉于友，真情真意在焉。

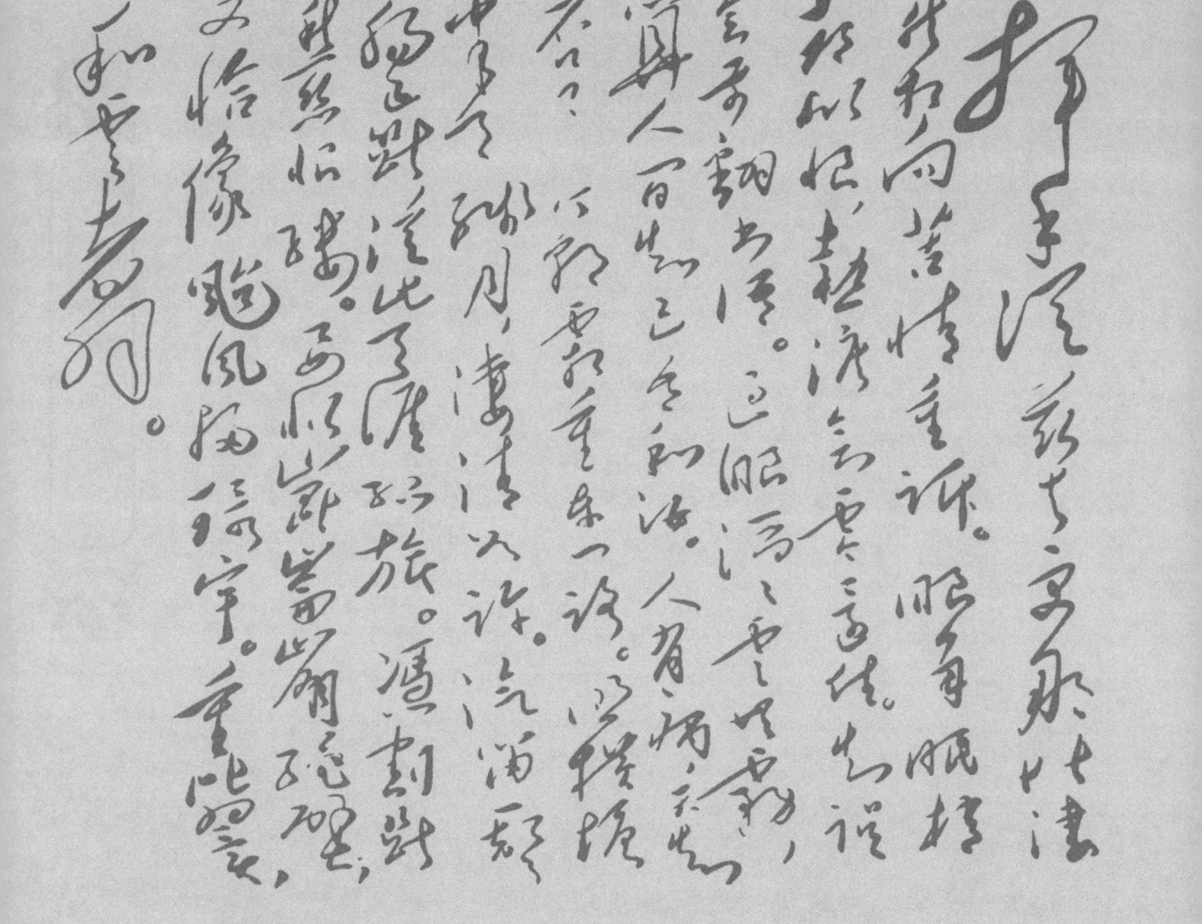

贺新郎·别友（手迹之一）

沁园春·长沙

（一九二五年）

独立寒秋，湘江北去，橘子洲头。看万山红遍，层林尽染；漫江碧透，百舸争流。鹰击长空，鱼翔浅底，万类霜天竞自由。怅寥廓，问苍茫大地，谁主沉浮？

携来百侣曾游。忆往昔峥嵘岁月稠。恰同学少年，风华正茂；书生意气，挥斥方遒。指点江山，激扬文字，粪土当年万户侯。曾记否，到中流击水，浪遏飞舟？

作者自注

击水：游泳。那时初学，盛夏水涨，几死者数，一群人终于坚持，直到隆冬，犹在江中。当时有一篇诗，都忘记了，只记得两句：自信人生二百年，会当水击三千里。

【题解】

“沁园春”，词牌名，相传源于东汉外戚大将军窦宪强夺沁水公主园林事。此牌又名“东仙”、“寿星明”、“洞庭春色”。双调。114 字，平声韵。此篇题名“长沙”，表示内容为“长沙生活”。毛泽东自 1911 年春天考入设于长沙城内的湘乡驻省中学，便与这座历史名城结下不解之缘。

参加湖南新军，入省立一中，复入第一师范，毛泽东在长沙度过了7年多修学储能的学生时代，此后又在这座城里开始了他早期的社会活动（做教师，组织新民学会，编辑《湘江评论》，创办文化书社，领导驱张运动，组织共产主义小组，参与中国共产党的组建……）。至创作此词时，14年过去，毛泽东的思想巨变与人生巨变都是在长沙城完成的。故咏长沙，即咏毛泽东初期之人生诗史也。

【注释】

[湘江]即湘水，源出广西海洋山，流经长沙，北入洞庭湖而通于长江。全长817公里。

[橘子洲]又名水陆（鹭）洲，俗名下洲。土多美橘，故称橘子洲。位于长沙西郊湘江中。

[万类]自然界众生。隋王通《中说》："百物生焉，万类形焉。"

[寥廓]广阔的苍穹。屈原《远游》："下峥嵘而无地兮，上寥廓而无天。"

[百侣]众多同伴。汉王褒《四子讲德论》："于是相与结侣，携手俱游。"

[峥嵘]原指山势高峻，比喻不同寻常。宋秦观《阮郎归》："乡梦断，旅魂孤，峥嵘岁又除。"

[挥斥方遒]奔放强劲。《庄子·田子方》："挥斥八极，神气不变。"遒，劲。

[万户侯]古代食邑万户之"侯"。侯，五等封爵之第二等。

[击水]语出《庄子·逍遥游》"鹏之徙于南冥也，水击三千里。"

【品评】

1924年12月，毛泽东离上海回湖南养病。1925年春节，他是在长沙板仓岳母家度过的。2月6日，他与杨开慧带毛岸英、毛岸青回到韶山冲。在家乡，他创建了中共韶山支部，组织了农民协会。由于有人告密，湖南省长赵恒惕于8月28日电令湘潭团防局速捕毛泽东。毛泽东于同日，离开韶山，来到长沙。就在赵恒惕眼皮底下，他向中共湖南省委汇报韶山工作情况。同时，他重游橘子洲，写下《沁园春·长沙》一词，9月，即抵达广州主持农民运动讲习所去了。

细述毛泽东行踪，是为了更贴切地领会本篇词意。上阕偏重写景，

景中寓情；下阕偏重言情，情中有景。因而，诗人写何景，抒何情，应是读者触意所在。

“独立”以下三句，依次点明时令、景物、空间；而在三者的焦点上，站立着诗人。“江”与“洲”，皆在“长沙”，故谓开篇映题。需提醒读者的是，时非“寒秋”，为什么诗人偏要写成“寒秋”？解释或只有一条：“寒”者，心情也！

由于在1925年1月份的中共四大上毛泽东未能继续当选中央执行委员会和中央局委员，而8月份又遭当局缉拿，内外皆不顺，心何不“寒”！由于心中的寒意太浓，所以目中诸景皆过早地呈现出晚（寒）秋气象。“看万山”以下七句，与“独立”的、静态的诗人形成对照，尽现立体的、动态的长沙山水大观。“万类”之共势，乃“竞自由”耳！诗人嫌“寒秋”寒意不足，再加“霜天”覆盖，即便在此寒氛之下，大自然之“万类”仍然是山红、林染、江碧、舸流、鱼翔、鹰击。一切皆动，一切皆争。无怪诗人也要高问一声：“谁主沉浮？”问而不答，自信已在不言中。

词的下阕，转入往事追怀。“携来”二句，一个“曾”字，一个“忆”字，将往事拉近。“百侣”与“独立”相对照，复将思念投射于一个群体。“恰同学”以下七句，都呼应“百侣”二字展开。“同学少年”，或偏自然年龄；“书生意气”，已触及文化精神；“指点江山”，言其使命意识；“粪土”，“万户侯”，赞其大丈夫胸怀。写到这儿，诗人在灵魂上已不再寒冷，亦不再孤独。收尾三句，跳出政治色彩极强的情感渲染，意外地落笔于“击水”，看似“闲笔”，却从侧面显现了诗人的弄潮气度。

“夏”写“秋”景，置换时令，以心中景，染眼前景，景从心出，此诗人“主沉浮”精神之观照否？

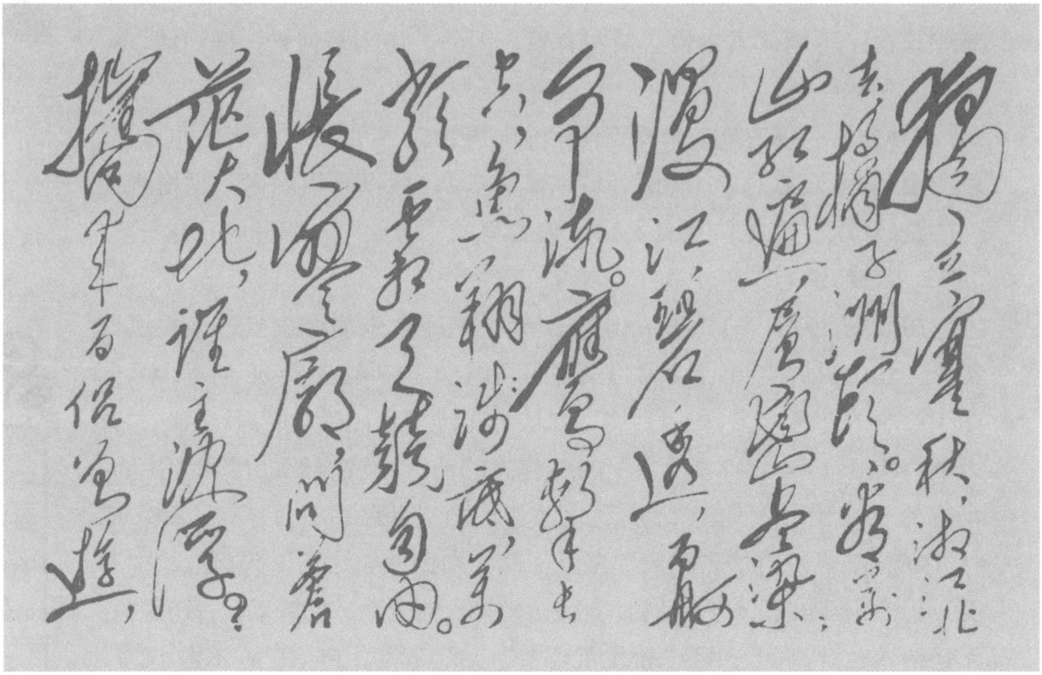

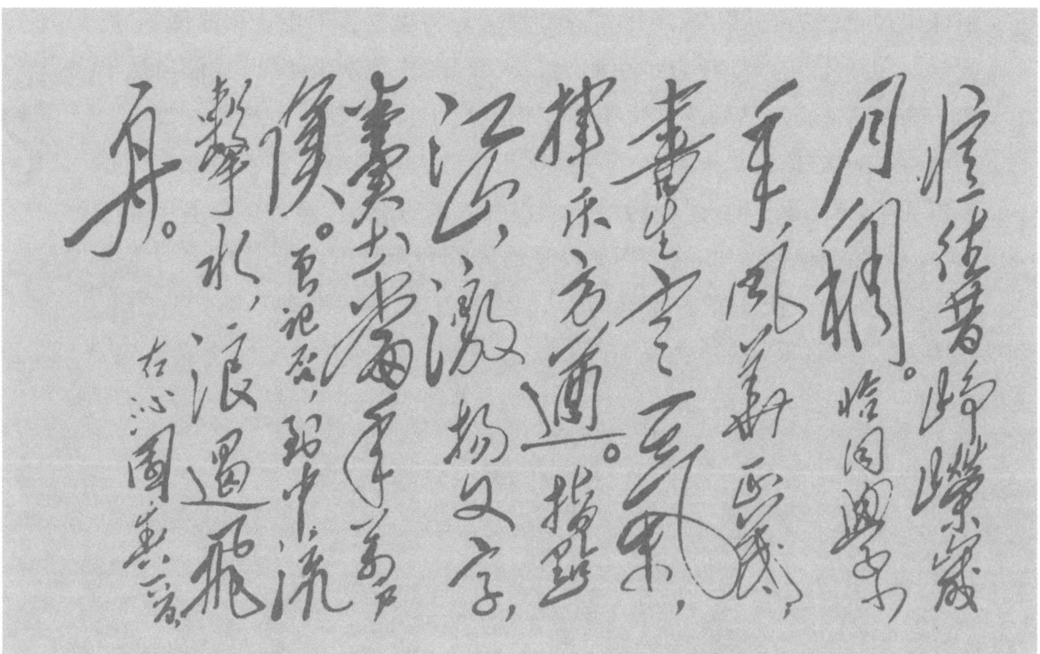

沁园春·长沙（手迹之一）

菩萨蛮 · 黄鹤楼

（一九二七年春）

茫茫九派流中国，沉沉一线穿南北。烟雨莽苍苍，龟蛇锁大江。　　黄鹤知何去？剩有游人处。把酒酹滔滔，心潮逐浪高！

作者自注

1927 年，大革命失败的前夕，心情苍凉，一时不知如何是好。这是那年的春季。夏季，8 月 7 号，党的紧急会议，决定武装反抗，从此找到了出路。

【题解】

“菩萨蛮”，又名“子夜歌”、“重叠金”等。双调，44 字，两仄韵，两平韵。“1927 年春”，毛泽东在忙碌与期待中度过。从 1 月 4 日开始，他在戴述人等陪同下，历时 34 天，考察湖南农民运动，并写下《湖南农民运动考察报告》。报告以单行本出版，瞿秋白为之作序，称毛泽东为“农民运动的王”。接着，他回到武昌。3 月 30 日，全国农民协会临时执行委员会成立，毛泽东担任常委兼组织部长。4 月 2 日，国民党中央常务委员会第五次扩大会议决定，由邓演达、毛泽东等五人组成土地委员会。4 月 4 日，中央农民运动讲习所开学，毛泽东为“农讲所”三常委之一，并负主持之责。4 月 12 日，蒋介石于上海发动四一二反革命政变。4 月 8 日至 5 月 6 日，土地委员会召开两次委员会、五次扩大会、四次专门审查会，毛泽东为将土地分配给农民，日夜操劳。与此同时，4 月 27 日至 5 月 9 日，中共“五大”在武汉召开，毛泽东与会，但被排斥于中央领导班子之外（仅被选为中央候补执行委员，有发言权，无表决权）。而“五大”一结束，毛泽东主持制订的土地委员会《解决土地问题决议案》亦被国民党中央的政治委员会否决。就在这种诸事不顺的背景下，毛泽东登临黄鹤，写下《菩萨蛮 · 黄鹤楼》。

【注释】

[黄鹤楼] 传三国孙吴黄武二年于武昌黄鹤矶建楼，因矶名楼，称黄鹤楼。或附会仙人子安乘鹤憩此，因以鹤名。楼屡建屡废，1985 年于旧址重修一新。

[九派]指今江西九江北一段长江。因有九条支流，故称。唐皇甫冉《送李录事赴饶州》：“山从建业千峰出，江至浔阳九派分。”

[中国] 意即国中，国之中间。长江中分中国，江北谓北国，江南谓南国。

[一线] 指京广铁路。

[龟蛇] 指汉阳龟山与武昌蛇山。

[酹滔滔] 酹，祭江，以酒洒江而祭。滔滔，水流貌。《诗经·江汉》：“江汉滔滔。”

【品评】

“题解”部分已交代写作此篇时的背景与心情。那份“苍凉”与“迷惘”，埋得太深，发为“景语”中竟弥漫了浩然之气。以至，毛泽东一生少有的消沉期的作品，每每读来却让人激越起豪情。这是创作与阅读的二元分流。造成这种二元分流的原因，缘自诗人寓情于景之妙。

此篇，为写景杰作，又是景情交融杰作。全篇皆景语，唯结尾半句抒情，这在毛泽东诗词中绝无仅有。

“茫茫”句，状东西穿流之长江；“沉沉”句，状南北贯通之铁路。一纵一横，一水一陆，一个“流”字，一个“穿”字，将景象立体化、动态化了。以“茫茫”、“沉沉”两组叠字形容之，复又给景物涂上迷茫、苍雄色彩，与心境之“一时不知如何是好”相应。此为大景、远景。收回目光，中景出现：莽苍烟雨，锁江龟蛇，仍然没有云开日出的清朗。

下阕，“黄鹤”二句，已将目光收视黄鹤楼内。“问”黄鹤，其实是在寻而不见黄鹤之后，所以发问这个过程中，诗人都在运动，都有动作；正因如此，才把它归入“写景”。“景”中，有黄鹤楼，有诗人，有游人。“黄鹤”句，借用古代黄鹤传说和唐朝崔颢《黄鹤楼》诗中“昔人已乘黄鹤去，此地空余黄鹤楼”句义，点明词题，回应上阕所见景物，又表明一种历史感慨与现实忧患。但诗人毕竟不同于一般游人，他知道，黄鹤虽逝，长江永存，而且波涛万里，一浪高过一浪；于是把酒酹江，壮怀激烈，焕然而起！“心潮”与“江潮”的类比，暗示了诗人的不甘沉寂而必有作为。

一切“景语”皆“情语”，为本篇艺术特征。

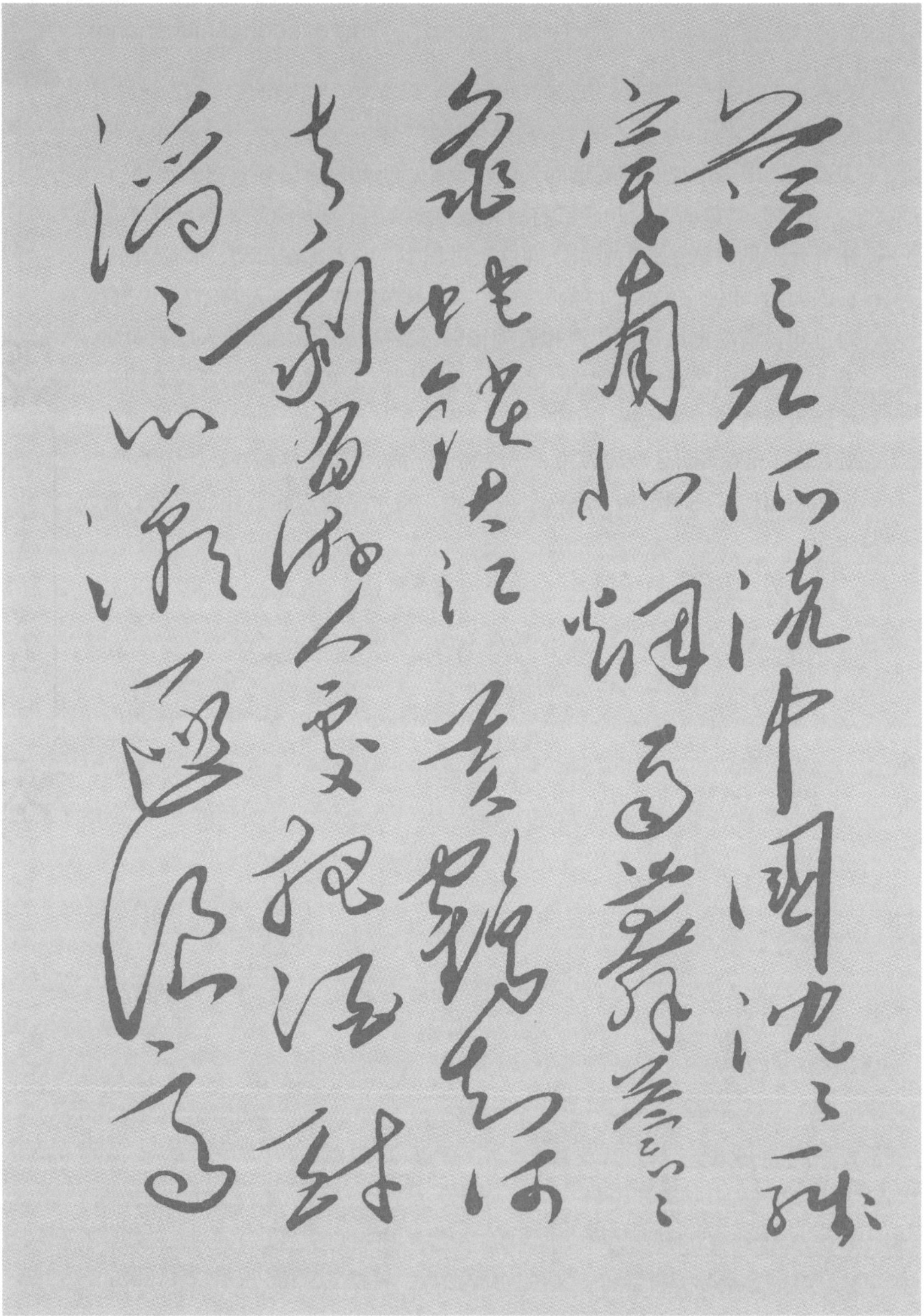

茫茫九派流中国，沉沉一线穿南北。烟雨莽苍苍，龟蛇锁大江。黄鹤知何去，剩有游人处。把酒酹滔滔，心潮逐浪高。

菩萨蛮·黄鹤楼（手迹之一）

西江月·井冈山

（一九二八年秋）

山下旌旗在望，山头鼓角相闻。敌军围困万千重，我自岿然不动。

早已森严壁垒，更加众志成城。黄洋界上炮声隆，报道敌军宵遁。

【题解】

“西江月”词牌据李白《苏台览古》中“只今惟有西江月，曾照吴王宫里人”一句制成。双调，上下阕各四句，共50字。两平韵，结句各叶一仄韵。又名“白蘋香”、“步虚词”、“江月令”、“壶天晓”。

词题“井冈山”，是写保卫井冈山的一次战斗。大革命失败后，“八七”会议确定了党的武装斗争和土地革命方针。1927年10月，毛泽东亲率秋收起义部队进入井冈山。1928年4月，朱德、陈毅率南昌起义余部到井冈山与毛泽东部会师。8月，趁毛泽东不在，湖南省委代表杜修经等人指挥二十八、二十九团红军向湖南冒进，招致“八月失败”，二十九团全军覆没。毛泽东闻讯，亲率三十一团一个营的兵力迎接二十八团回山。此时，守山部队不足一营。8月30日，敌湘赣两军各一部乘红军主力将归未归之际，攻击井冈山。红军凭险抵抗，将敌击溃，这便是此词所定之黄洋界保卫战。

【注释】

［井冈山］位于湘赣边界、罗霄山脉中段，周围500多里。中共在此建立第一个农村根据地。

［鼓角］古代军中的战鼓与号角。本篇借指军号声。

[岿然不动] 形容屹立坚固，攻不可破。岿然，屹立貌。

[众志成城] 语本《国语》卷三《周语》伶州鸠引谚语曰："众心成城。"韦昭注："众心所好，莫之能败，其固如城也。"此处指军民团结，坚不可摧。

[黄洋界] 井冈山"五大哨口"偏于西北的一个哨口名称。此处山峰海拔 1342 米，右为陡壁，左为深谷，谷左又是峭岩。是永新、宁冈进入井冈山腹地茨坪的必经之地。另四大哨口为：桐木岭、双马石、朱砂冲、八面山。

[遁] 逃窜。

【品评】

这是毛泽东第一首直接描写战争的短章。

上阕，写战争中敌我双方态势；下阕，写战争经过和结果。八句词，概括了一场自卫反击战，让人感到无所遗漏，可谓描写生动、叙述凝练！

"山下"二句，描写红军阵势。一上一下，有色有声，此立体防御态势。没有点及"人"，但"人"（红军）的存在却充满了诗人的视觉与听觉。"旌旗"与"鼓角"，不但标明"人"的存在，而且显示了充分的战斗状态。"敌军"二句，一写我，用敌军的多（万千重）与我军的寡（我）相对照，表示红军的"雄姿"与"雄心"。敌我对峙的画面，有动有静。敌动，纷如蚁聚；我静，蓄势待发。借此又进一步展示了红军指战员的成竹在胸，胜券稳操。

下阕，"早已森严壁垒，更加众志成城"二句，是对上阕"岿然不动"的补充与照应。如果说"岿然"句倾向于从战略上藐视敌人，"早已"二句则更倾于从战术上重视敌人。

8 月 30 日，敌人以四个团的兵力，分批猛攻黄洋界山头，从早晨攻到下午，连攻四次，皆被击退。下午，红军从茨坪调来两门迫击炮，连续两发炮弹击中敌人。敌人大叫："不好啦，我们被红军包围了。"于是，乘黑夜逃退。"宵遁"，即指这种偷偷逃逸。

在艺术表现上，本词重视对比手法的应用。方位对比、声色对比、敌我对比、敌敌对比等，均起到强化意旨之作用。另外，本篇作为"征战词"，它所表现的革命乐观主义精神，溢于言表，发人振奋。

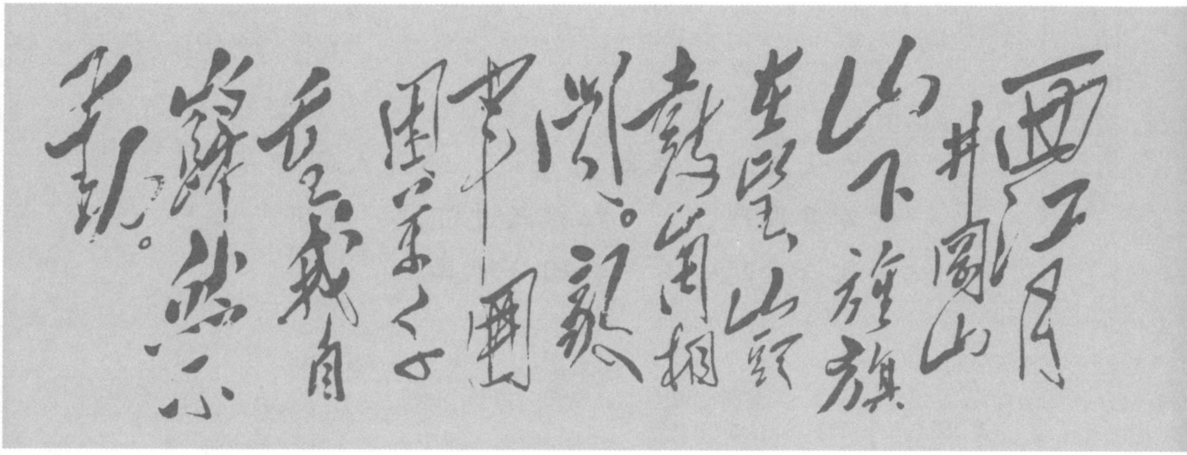

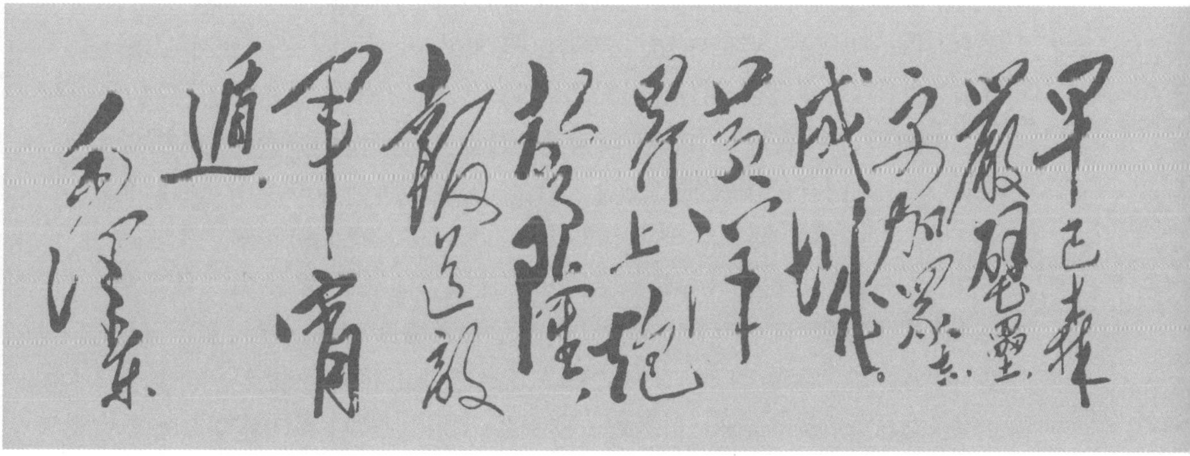

西江月 · 井冈山(手迹之一)

清平乐·蒋桂战争

（一九二九年秋）

风云突变，军阀重开战。洒向人间都是怨，一枕黄粱再现。　　红旗跃过汀江，直下龙岩上杭。收拾金瓯一片，分田分地真忙。

【题解】

“清平乐”为借用汉乐府“清乐”、“平乐”二名而创制的词牌。传说李白有应制《清平乐》四首为本词牌之由来，备一说而已。双调，46 字。前段四句、四仄韵，后段四句、三平韵。又名“清平乐令”、“忆萝月”、“醉东风”。

词题“蒋桂战争”，指新军阀蒋系与桂系 1929 年 3 月争夺两湖之战。1929 年 3 月召开的国民党“三全大会”，加强了蒋介石的统治，但新军阀割据局面未变。蒋系第一集团军占苏、浙、皖、赣、闽五省，兵力 20 余万；冯系第二集团军占鲁、豫、陕、甘四省，兵力约 15 万；桂系第四集团军李宗仁部在两湖，兵力 10 万，白崇禧部占平、津、冀东，兵力 10 万，李济深部驻两广，兵力 10 万。桂系总兵力超过 30 万，让蒋介石不放心。蒋介石先是拆散粤、桂联盟，继用巨款收买桂系军人倒戈，3 月 30 日，蒋亲赴九江指挥嫡系，兵分三路，进攻武汉。桂系大败，余部退回广西。

蒋桂战争后，冯系亦反蒋，兵败；冯、阎联手再反蒋，因阎锡山背叛，旋败。军阀内战，民不聊生。但在客观上，又减轻了对中共革命根据地的压力。1929 年 4 月中旬至 5 月中旬，毛泽东红四军攻克赣南数县，并建立了三个县级政权。5 月 23 日奇袭闽西龙岩，25 日攻占永定，9 月攻

占上杭。赣闽革命根据地连成一片。

【注释】

[一枕黄粱]典出唐沈既济《枕中记》。言卢生于邯郸旅舍受道者一枕，睡梦中历尽繁华，及醒，旅舍主人炊黄粱尚未熟。

[汀江] 又名白石溪，发源于福建宁化县，经长汀、上杭，南入粤东韩江，由潮州入海。

[龙岩、上杭] 县名，皆在闽西南。

[金瓯] 原喻国家疆土完固。语出梁武帝萧衍："我国家犹若金瓯，无一伤缺。"见《南史·朱异传》及《梁书·侯景传》。

【品评】

词上下两阕，内容各有侧重。上阕，批判军阀混战；下阕，展示革命根据地在扩大形势。自然又形成敌与我、反与正的强烈对比。

"风云"二句，起势突兀。用"风云"喻战乱，极恰当，此谓"天有不测风云"也！加一"重"字，谓非一次乃一而再，再而三之意。此战前，国民党各路新军阀因要对张作霖斗争，故表面上同一战壕。张氏一部退回东北，蒋桂冯阎四派自然你争我夺，各不相让。"重开战"主要指国民党新军阀相互之战。"洒向"二句，重在批判，重在讽刺。战乱，是祸国殃民的，也会搬起石头砸脚，一梦黄粱。

下阕，诗人在"动势"上着墨，故展现在读者面前的是急速转换的战斗画面与土地革命画面。这归功于诗人的善用动词。"跃过"汀江，"直下"龙岩、上杭，"收拾"金瓯，"分"田"分"地。有军队的奔袭和攻坚，也有老百姓的欢迎和分田。诗句跳跃，正与"星火燎原"之势相应。含义深长的是，诗人将武装斗争与土地革命这两大任务同句、同等标举，既反映了客观事实，又反映了主观理性。"分田"句，全用俗言村语，生动活泼，喜于言表，是融写景与抒情一体之佳句。

在结构上，上下阕一写远方敌人事，一写眼前自己事，故而用笔有"略"（概述）与"详"（详述）之异。加上一用仄韵，一用平韵，这又与批判与颂扬的内容相一致。诵此词，方知何谓褒贬得当，何谓嬉笑怒骂皆成文章。

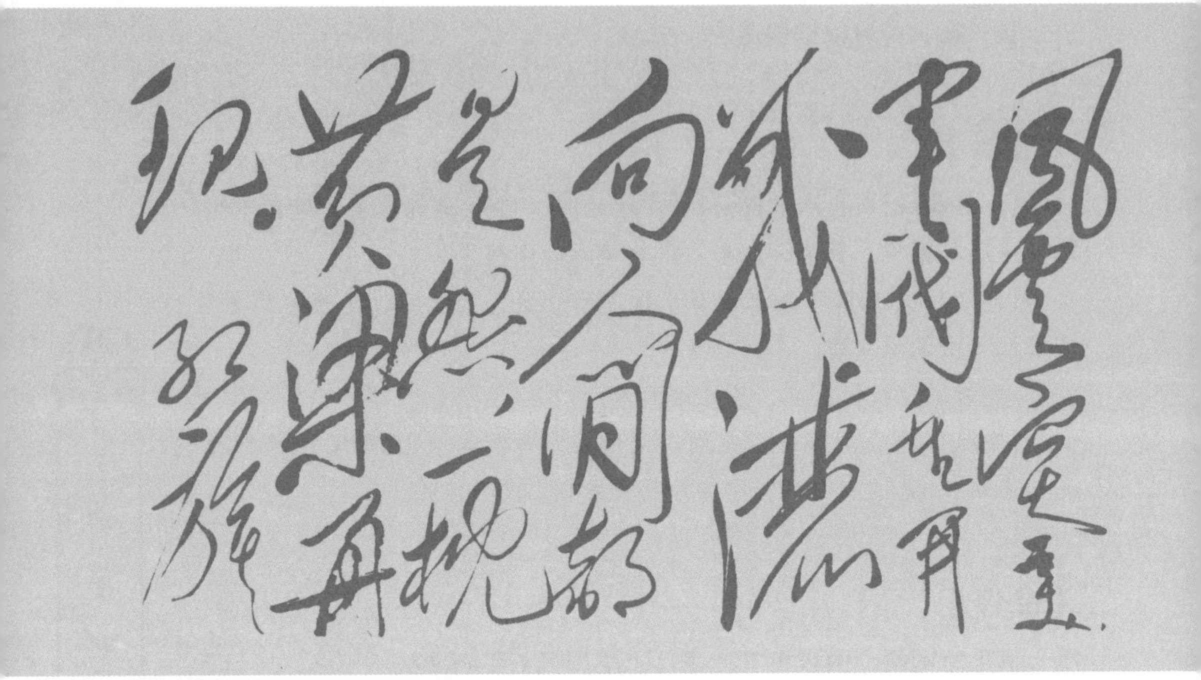

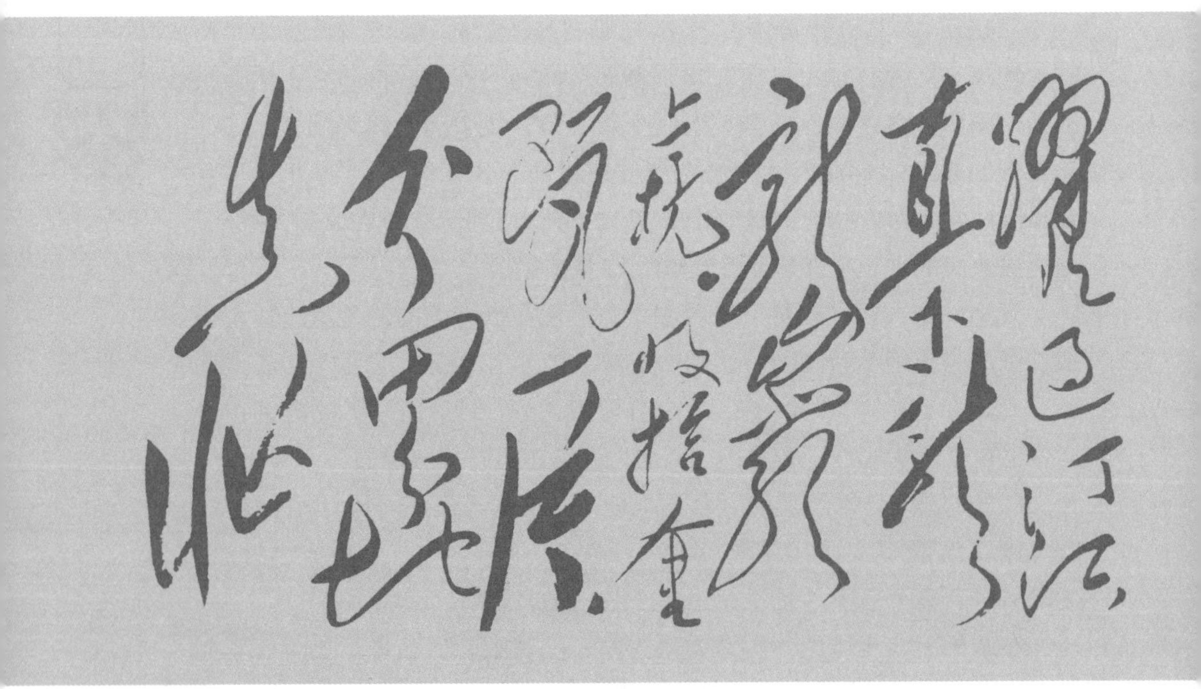

清平乐 · 蒋桂战争(手迹之一)

采桑子 · 重阳

（一九二九年十月）

人生易老天难老，岁岁重阳。今又重阳，战地黄花分外香。　　一年一度秋风劲，不似春光。胜似春光，寥廓江天万里霜。

【题解】

“采桑子”，可能是从唐教坊大曲《杨下采桑》截取一片而成独立词牌。双调，44 字，八句。上下片都是起句仄收，以下三句用平韵。又名“丑奴儿令”、“罗敷媚歌”、“岁敷媚”。

本篇时序，紧承“蒋桂战争”。在毛泽东率红军开进闽西（长汀、龙岩、上杭）扩大根据地的过程中，当年 6 月红四军召开了第七次党代会。毛泽东受排斥，并被迫离开红四军的领导岗位，去闽西特委指导地方工作，7 月上旬全闽西特委。在特委第一次代表大会上，毛泽东做了政治报告，提出三项基本方针（土地革命、工农武装、建立政权）。会后，毛泽东患病，在永定县金丰山区养病。9 月，红四军召开第八次代表大会，毛泽东病未愈，去信请假不参加大会，为此前委给他“警告”处分，无奈，又坐担架赴上杭开会。会后，毛泽东留在上杭养病，经名医吴修山十多天治疗，病情好转，病中，正逢重阳节，看院中黄菊盛开，遂填词一阕，即本篇。

【注释】

［重阳］农历九月九日。《易》以阳爻为九，故称九九为重阳。

[黄花] 菊花。菊秋日开放，依五行观念，“秋”属“金”，金之色黄，故称黄花。中国自古有赏菊饮酒习俗。

【品评】

在中国人的传统情绪里，“秋色”多与“悲愁”相生。“悲哉，秋之为气也！”宋玉的话，传染两千多年不改其悲。

毛泽东写作本篇时，境遇亦不佳。但他发为声律，却一洗古人愁绪，展示了秋光之美和秋思之健。

上阕“人生易老”二句，先故放一笔，承认“人生易老”，但紧接即言“天难老”，“天”即绵绵不尽之宇宙，由对“人生”思考，转而对“天”思考，为一过渡，为一飞跃，其不拘于人生短暂也明。待到“战地黄花分外香”推出，自然境界与精神境界同步巨变。“香”，发自于“黄花”；“香”，又是诗人主观感受；“分外”之香，即“分外”之欣悦也！

如果说用“香”字表达诗人心境还是含而微露的，到了下阕“不似春光，胜似春光”的直抒感受，诗人的欣悦早已溢于言表。结尾虽收于“霜”字，但不是表现自然的“寒”，而是为了表示“江天万里”的“寥廓”。江天，乃诗人心中之世界！

托物言志，此篇尽得其妙。“黄花”傲秋、傲霜而“香”远，何况人乎？在用词上，诗人大胆重叠，造成势叠而意不叠的递进之态，如“重阳”、“春光”各一叠，皆出新意。

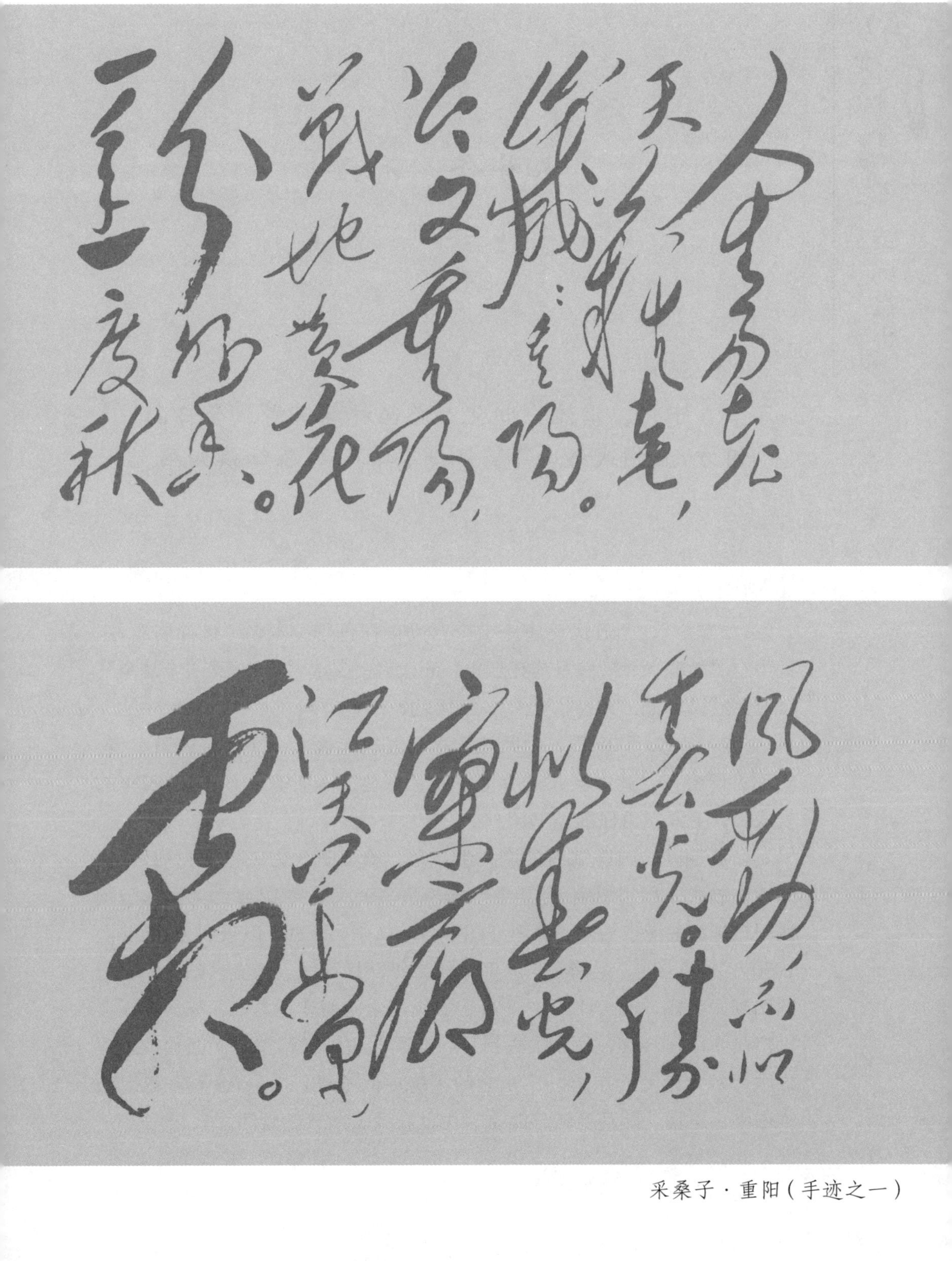

采桑子·重阳（手迹之一）

如梦令·元旦

（一九三〇年一月）

宁化、清流、归化，路隘林深苔滑。今日向何方，直指武夷山下。山下，山下，风展红旗如画。

【题解】

“如梦令”，为五代后唐庄宗李存勖创作词牌。本名“忆仙姿”，因词中有“如梦，如梦，残月落花烟重”而改名。又名“宴桃源”、“无梦令”、“如意令”。单调，33字，七句，五仄韵，一叠韵。

1929年12月28日，中共红四军第九次代表大会在上杭古田举行，史称古田会议。此次会议选举毛泽东、朱德、陈毅等11人为红四军前委成员，毛泽东重任前委书记。

会议期间，国民党当局调集闽、粤、赣三省兵力14个团对闽西根据地发起第二次“围剿”。其主力仍为赣军金汉鼎部12师。为了保卫闽西根据地，毛泽东与朱德分率红四军各纵队杀回江西，以吸引金部回师。1930年1月上旬，毛泽东率红四军第二纵队经连城、清流、归化、宁化向西越武夷山，进入江西。18日，二纵与朱德所率主力一、三、四纵会师广昌。红军转移，敌人失去目标，江西之敌怕后路被断而回兵，福建之敌闻福州政变而东逃，广东之敌因势单而不进，“三省会剿”遂以破产告终。本篇，即写于转移路上。主动在我，故气韵豪健。

【注释】

[元旦]指农历正月初一。时在公历 1930 年 1 月 30 日。宋吴自牧《梦粱录》："正月朔日，谓之元旦，俗呼为新年。"

[宁化、清流、归化] 皆为福建西部县份。其中归化后改为明溪县，今属三明市。

[武夷山] 福建名山，为赣江与闽江分水岭。相传古神人武夷君居此而得名。

【品评】

词一开篇，连用三个地名，点出红军行军路线。不用动词，纯用名词，地名闪现间，数百里转移好像顷即已完成。第二句，仍不用动词，"路隘"——路径窄险，"林深"——林木茂密，"苔滑"——苔藓滑溜，带有补充色彩地交代了红军隐蔽行军的情状。这两句仅 12 字，已将千军万马的动势展现无余，为惜墨如金写法。当然，三个地名，并非行军程序，为了押韵，诗人只好颠倒一个方向。

如此艰难行军，到底奔向何方呢？诗人在此特设一问"今日向何方"，可以是自问，也可以是战士询问；此问，表示关切，表示要打明白仗。"直指"答得明白而爽快。"武夷山"，是福建与江西的界山，打过武夷山，即是江西。红军战士，大多都在江西战斗过，故回江西，皆有归家之喜。"山下，山下"二叠韵，紧承上句，是一种横向铺展的气韵；山绵延，人万千，"风展红旗如画"，写出了红军军容、军威壮美。

本篇节奏明快，有进行曲风格，有阳光下的暖意，这与毛泽东的心情相合。"红旗"意象，是毛泽东诗词最喜勾勒的。比之"旌旗在望"，比之"红旗跃过汀江"，这儿的"风展红旗如画"最有祥和的、美学的情致。

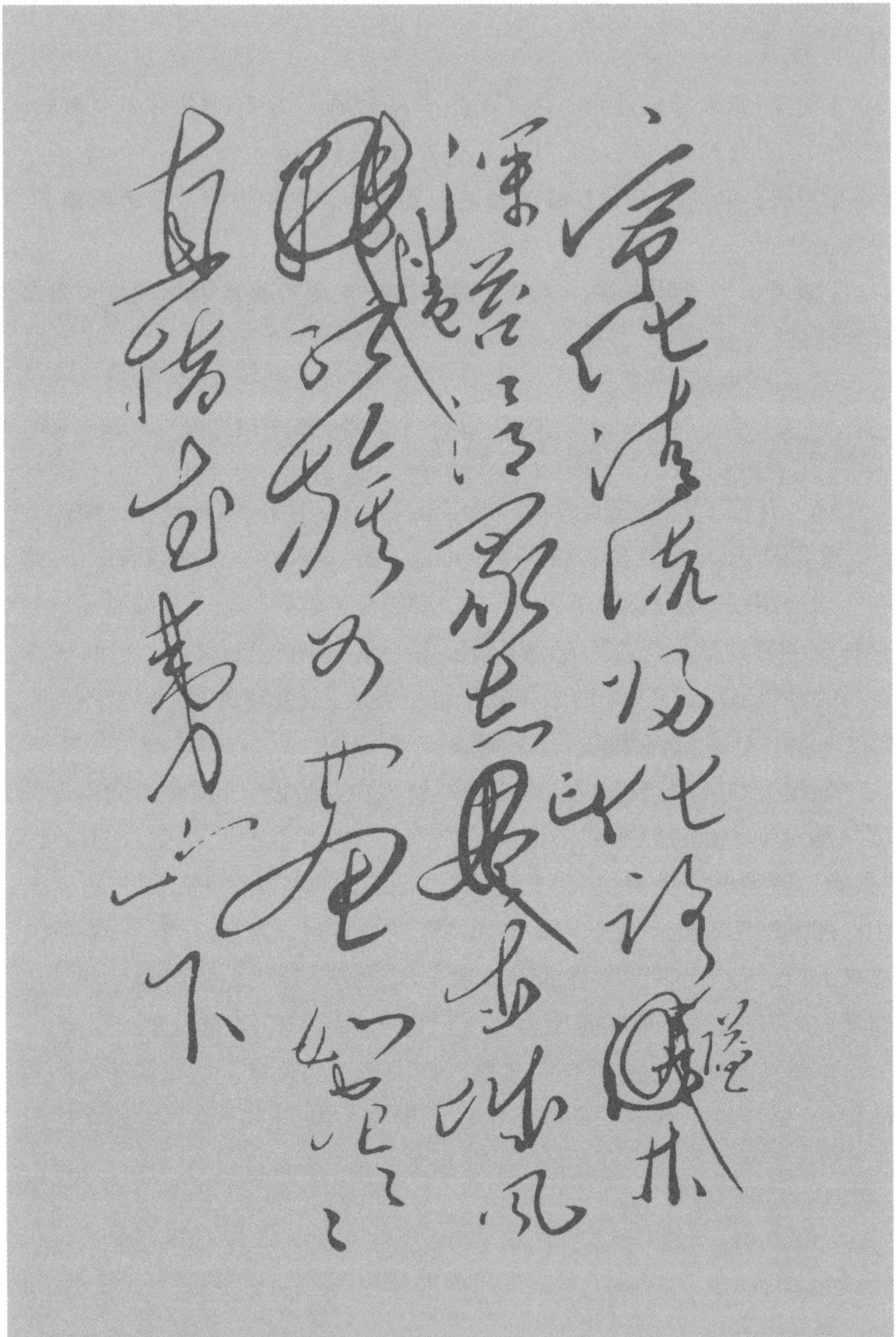

如梦令·元旦（手迹之一）

减字木兰花·广昌路上

（一九三〇年二月）

漫天皆白，雪里行军情更迫。头上高山，风卷红旗过大关。　此行何去？赣江风雪迷漫处，命令昨颁，十万工农下吉安。

【题解】

“减字木兰花”，又名“减兰”、“木兰香”、“天下乐令”。双调，44 字。前后阕各四句，两仄韵，两平韵。

这首词所写行军事，时间与上首《元旦》紧接。红军跨过武夷山，进入江西，在广昌会师后，于 1930 年 2 月 6 日至 9 日召开了红四军、赣西特委、红五军、红六军军委联席会议，通称“二七会议”。“二七会议”组成了各路红军与赣南、赣西、闽南、东江总前委，毛泽东为书记，朱德、曾山等为常委。会议中心议题仍然是土地革命、政权建设和武装斗争。“二七会议”后，兴国等六县全境开展分田运动。农民分了田，更加支持红军，故有“十万工农下吉安”局面。

【注释】

[广昌] 县名，在江西东部抚河上游。东临福建，1930 年 2 月红军进攻吉安，从此出发。

[情更迫] 首次公开发表时作“无翠柏”。1963 年结集出版时改为“情

更迫”。

[风卷红旗过大关] 原作“风卷红旗冻不翻”，语本唐岑参《白雪歌送武判官归京》“风掣红旗冻不翻”，后改“冻不翻”为“过大关”。

[赣江] 章水、贡水于赣州汇合为赣江，北流入鄱阳湖，为江西省主要河流，全长 758 公里。

【品评】

此篇描绘雪里行军情状。画面感极强，画意豪情，是将“冷”（风雪天）与“热”（战斗情）融于一体的典范之作。

上阕“漫天”二句，突出雪大与行军之急。雪落在地上，诗人却从“漫天皆白”入笔，表现天地混沌，雪花飘舞。雪不停，行军亦不停，可见军情紧急。“头上”二句，继续铺叙“行军”场面。“过大关”三字尤为传神，让人联想到“过五关、斩六将”的古人壮举。没写战斗，战斗在其中。“过”，并非简单的“路过”，是“攻克”、“占领”、“穿越”义。

下阕“此行何去”一问，上承“过大关”行动，语势急迫。“赣江”句，是回答，又不具体。一是不能具体，二是范围广大不好具体，故用“风雪迷漫处”虚拟一笔增加了军事的神秘感与艺术的空灵感。收尾二句，转向确指，命令是“昨”天颁发的，任务是攻打“吉安”。时间与地点，都十分明确。吉安，位于赣州与南昌之间，距中央苏区仅 90 公里，攻克吉安，是巩固、扩大中央苏区的必然一着棋。“工农”，非工人农民，指工农红军。“十万”，夸张数，表示集中优势兵力攻敌一部，断其一指。用“下”字，显示必胜气势。

情景交融，向为诗词佳境，本篇得之。景有“静景”、“动景”之分，此章皆“动景”。雪舞，风吹，人行，无物不动，无人不活，由此又折射诗人一往无前之豪情。

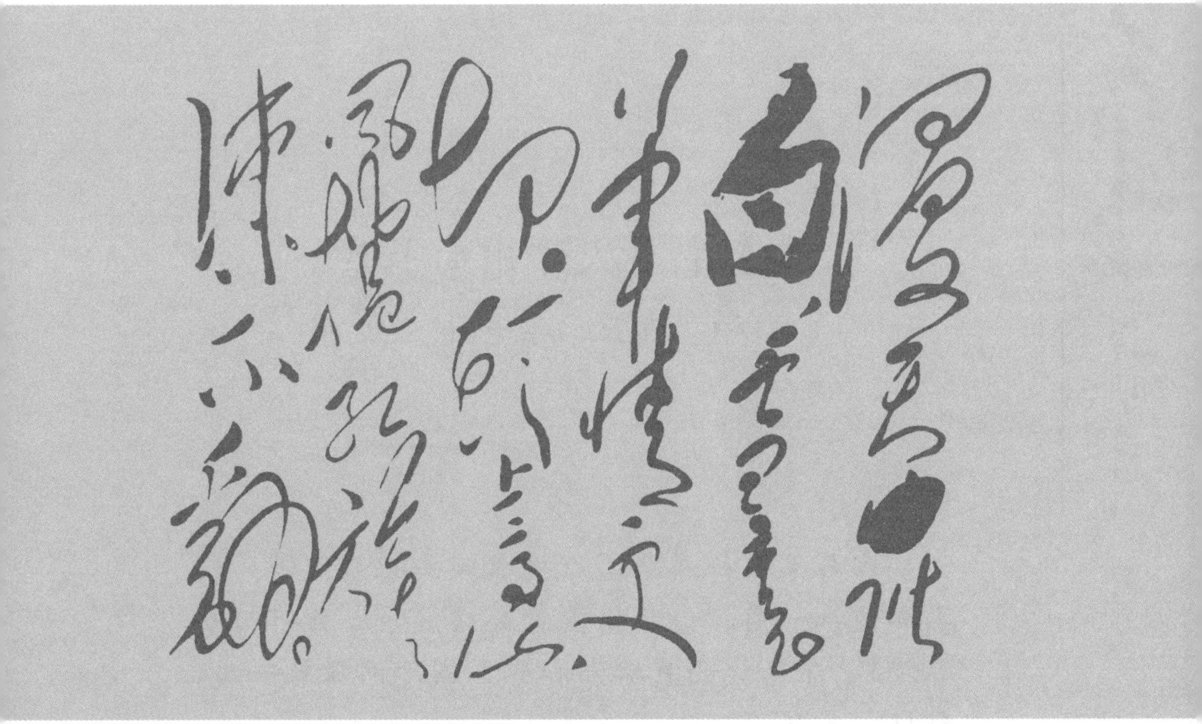

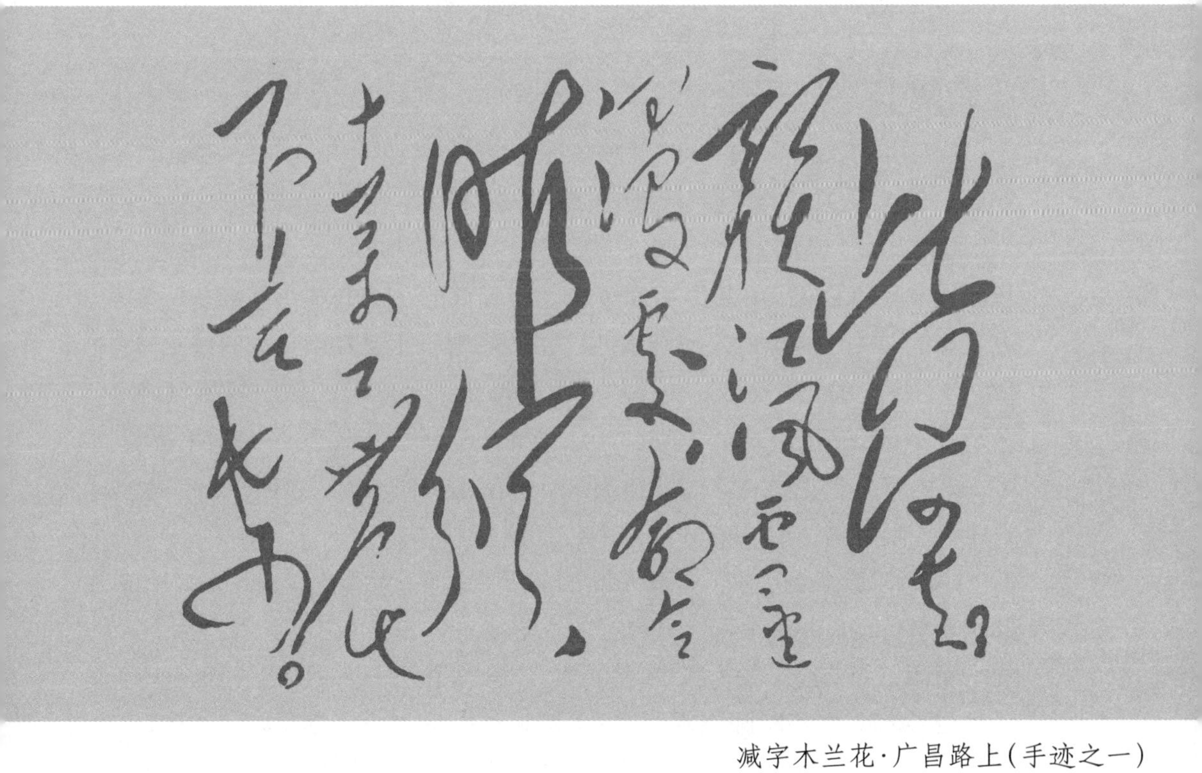

减字木兰花·广昌路上（手迹之一）

蝶恋花·从汀州向长沙

（一九三〇年七月）

六月天兵征腐恶，万丈长缨要把鲲鹏缚。赣水那边红一角，偏师借重黄公略。　　百万工农齐踊跃，席卷江西直捣湘和鄂。国际悲歌歌一曲，狂飙为我从天落。

【题解】

“蝶恋花”，又名“黄金缕”、“鹊踏枝”、“凤栖梧”、“卷珠帘”、“一箩金”。双调，60字。前后阕各五句，四仄韵。

这首词写于1930年7月下旬，红军从汀州向长沙取进攻态势。1930年6月11日，中共中央通过李立三起草的《新的革命高潮与一省或几省的首先胜利》的决议，表明“左”倾冒险主义在中央取得统治地位。6月下旬的长汀会议，此决议被传达贯彻。此时，红军第一路军（不久改红军第一军团）成立，朱德为总指挥，毛泽东为政委。全军团一万多人，内有共产党员4000名。6月底，部队由长汀出发，过瑞金、广昌，7月9日到兴国。因吉安守敌众多，部队攻占吉水、永丰、樟树，7月27日又西渡赣江至高安。毛泽东的词写于7月底，大约在占领高安前后。此次军事行动，是奉命而为，目标依次是攻占吉安、南昌、长沙。如今，红一军团已经绕过了一个吉安，南昌能不能打，尚在两可，所以发而为词，词中自然也有许多朦胧色彩。8月1日，红一军团攻入南昌郊区，隔江鸣枪示警，以纪念南昌起义三周年。就在同时，彭德怀的红三军团已乘

敌空虚，攻入长沙。敌驰援，红三军团不支，退于平江；下面才有红一军团西入湖南援助红三军团，合兵一处（成立红军第一方面军），复围长沙之役。毛泽东与朱德率部由南向北，由东向西的千里奔袭，开创了红军大兵团运动战的先例。

【注释】

［汀州］明清汀州府。民国废府为县，改名长汀县，位于福建西部，西临江西瑞金。

［长缨］长绳。《汉书·终军传》载，终军将使南越，自请于朝曰："愿受长缨，必羁南越王而致之阙下。"

［鲲鹏］据《庄子·逍遥游》，鲲（大鱼）化为鹏（大鸟），皆大千里。多含褒义。此词特贬指国民党军阀。

［黄公略］（1898—1931）湖南湘乡人，1930年任红六军军长，建立赣南根据地。红六军改为红三军，仍任军长。1931年9月在吉安东固遭敌机扫射牺牲。

［国际悲歌］指《国际歌》。

【品评】

在总体的战略设计上，进攻长沙是错误的，但在执行这一任务时，毛泽东率领红军的战斗历程，充满英雄主义。

"六月天兵"二句，突兀而起，将两种力量的搏斗推给读者。"天兵"征"腐恶"、"长缨"缚"鲲鹏"，褒贬皆在用词里。"天兵"前加"六月"二字，固有交代时令用意，但主要是显示六月炎威，风雷交加，有摧枯拉朽之势。"万丈"一句双典。终军要缚南越王，毛泽东要缚鲲鹏，气象已有巨细之分，固不可同日而语。"赣水"二句，语意由远攻长沙荡开一笔，不写主力之战，而写"偏师"之功，重在表示诗人对发动群众、扩大根据地的关注。毛泽东写诗词，极少点及人名，这儿，点到黄公略，且用"借重"二字，足见他对这位战友的信任与尊重。此句一出，已暗含着对疲师远征的否定。

下阕"百万"二句，明写红军战场威猛之势，因为"百万"是一个夸张的数字，所以我们也可以判定这两句仍有暗写根据地形势的成分。唯后方巩固，唯民众支持，红军才能直捣湘鄂呢！又因为，进攻南昌与长沙毕竟是毛泽东与朱德早已看出来的错误方略，而命令如山，军法如山，他们又不能违背，故战局趋向，不言已明。词的收尾，即是那种复杂心情的艺术再现："国际悲歌歌一曲，狂飙为我从天落。"高歌猛进，本无"悲"情，著一"悲"字，透露出诗人对不必要牺牲的痛惜。盼望天落狂飙，即希望狂飙吹散迷雾，再现革命的丽日艳阳。欣赏此一句，不能只看到慷慨激昂，还要看到委曲求全，坚忍待变！

吟诵此章，让人体验何谓"英雄主义"，也体验何谓"悲情性格"。不了解毛泽东的内心悲悯，便无法接近他的博大宽厚。

渔家傲·反第一次大“围剿”

（一九三一年春）

万木霜天红烂漫，天兵怒气冲霄汉。雾满龙冈千嶂暗，齐声唤，前头捉了张辉瓒。　　二十万军重入赣，风烟滚滚来天半。唤起工农千百万，同心干，不周山下红旗乱。

作者自注

关于共工头触不周山的故事：

《淮南子·天文训》：“昔者共工与颛顼争为帝，怒而触不周之山。天柱折，地维绝。天倾西北，故日月星辰移焉；地不满东南，故水潦尘埃归焉。”

《国语·周语》：“昔共工弃此道也，虞于湛乐，淫失其身，欲壅防百川，堕高堙庳，以害天下。皇天弗福，庶民弗助，祸乱并兴。共工用灭。”[韦昭注：“贾侍中（按指后汉贾逵）云：共工，诸侯，炎帝之后，姜姓也。颛顼氏衰，共工氏侵陵诸侯，与高辛氏争而王也。”]

《史记》司马贞补《三皇本纪》：“当其（按指女娲）末年也，诸侯有共工氏，任智刑以强，霸而不王，以水乘木，乃与祝融战，不胜而怒，乃头触不周山崩，天柱折，地维缺。”

毛按：诸说不同。我取《淮南子·天文训》，共工是胜利的英雄。你看，“怒而触不周之山，天柱折，地维绝。天倾西北，故日月星辰移焉；地不满东南，故水潦尘埃归焉。”他死了没有呢？没有说。看来是没有死，共工是确实胜利了。

【题解】

“渔家傲”，双调，62字。上下阕各五句，五仄韵。

第一次反“围剿”发生在1930年10月至1931年1月初。1930年9月，中共六届三中全会纠正了李立三的“左”倾路线，中央苏区又有扩大。10月4日，红一方面军占领吉安，此后连克数县，在赣江两岸的34个县建立了政权，苏区人口达200多万；红一方面军亦扩大到4万多人。就在这年10月，中原大战结束，蒋介石胜，于是腾出手来调集十万大军，进攻江西苏区。10月28日，江西省主席鲁涤平就任总司令。11月2日，他率七个师一个旅兵分三路，以“长驱直入，分进合击”战术进攻赣南。红军则采取“诱敌深入”方针，渐次撤到根据地中部的东固、龙冈一带。12月28日，张辉瓒部三个旅向龙冈推进。29日晚，毛、朱二人发总攻令。30日激战一天，红军全歼十八师一个师部两个旅近万人，并活捉张辉瓒。1931年1月3日，红军又攻击敌五十师，歼敌3000多人。第一次反“围剿”遂以敌人纷纷溃逃胜利结束。

蒋介石闻败，电令鲁涤平“只许前进，不许后退”。不久，第二次“围剿”又起。

【注释】

[龙冈] 江西永丰县南部城镇。地处永丰、吉安、兴国三县交界处，地势险要。

[张辉瓒] 国民党军十八师师长，时任前线总指挥，于龙冈战役被俘。

[重入赣] 指蒋介石调兵20万，以何应钦为总司令发动第二次“围剿”。

【品评】

上阕写红军龙冈之战的辉煌胜利，与词题紧紧拍合。“万木”与“天兵”二句，一写时令，一写军威。时令为“景语”，军威为“情语”，以“景语”烘染、衬托“情语”，其情也奋发昂扬；“冲霄汉”，即为“怒气”之极点。

中国古人论战，有“一鼓作气”之说。“气”可鼓不可泄，“怒气”久积，一旦喷发，必“豪气”干云也！以词艺论之，此二句有蓄势待发之妙。

“雾满”三句，写战斗及战斗结局。高明在于完全绕过了对战场搏斗的正面描写，一句“景语”，二句“欢声”，枪炮声更在“画外音”之外；音画呼应，一场血战即轻松勾勒完毕。“雾满”句之景，与“万木”句之景小有异处，一冷调，一暖调，一暗，一明，既有词境区别，也是由晨及昏的战斗实景。因为光线渐暗，视觉渐弱，那从阵前而至阵后的呼唤才愈加洪亮。“擒贼先擒王”，张辉瓒这个前线司令被捉，岂不大快人心！

下阕与上阕相反，先写敌方。“二十万军”二句，即展示蒋介石第二次“围剿”的凶恶气焰。“二十万”是写实，“来天半”，则稍作夸张。“唤起”三句，写苏区备战情况，避实就虚，基本用侧笔，用象征，显示必胜信念。“唤起工农”之“工农”，已不限工农红军，也包括工农大众。这是“人民战争”思想的体现。“不周山”之典，见“作者自注”，为“共工”故事，“共工”与“共产党”同一“共”字，或出偶合，但作为反抗的、斗争的、胜利的英雄，则有“共性”。毛泽东用此典，仅依《淮南子》，与多数的、早于《淮南子》的传说大异其趣。此诗人之自由。共工怒触不周之山，造成天塌地陷结果，而共产主义革命则是为了改地换天，此又性质相近。用此归典，已超出了反“围剿”的使命。这说明毛泽东是着眼于中国革命的全局、长远目标看待反“围剿”战斗的。

渔家傲·反第二次大“围剿”

（一九三一年夏）

白云山头云欲立，白云山下呼声急，枯木朽株齐努力。枪林逼，飞将军自重霄入。　　七百里驱十五日，赣水苍茫闽山碧，横扫千军如卷席。有人泣，为营步步嗟何及！

【题解】

第一次“围剿”失败后，蒋介石震惊。1931 年 2 月初，他派军政部长何应钦兼任南昌行营主任，统一指挥湘、鄂、赣、闽四省部队“围剿”中央革命根据地。4 月初，已调集 18 个师另 3 个旅，共 20 万人，人数较第一次“围剿”增加一倍。鉴于上次“围剿”失败的教训，此次敌方采取“稳扎稳打、步步为营”的方针，从江西吉安到福建建宁，构成八百里弧形战线，分四路向中央根据地推进。每日只进 5 里、10 里或 20 里，至驻地即构筑强固工事。此时中央根据地有红军 3 万多人，力量悬殊，如何获胜，为一难题。4 月 17 日，苏区中央局第一次扩大会议在宁都青塘召开，并通过了毛泽东提出的作战方针：在根据地内线作战，先打弱敌王金钰部。4 月 19 日毛泽东签发作战令，红军主力在龙冈集中后，又向西推进 20 公里，沉着地埋伏于东固地区，一伏便是 25 天。5 月 15 日，王金钰部之公秉藩第二十八师和第四十七师一个旅脱离富田阵地，分两路向东固进犯，在毛泽东直接指挥下，红一军团的四、三两军打正面，红三军团打包抄。5 月 16 日战斗打响，激战到下午 5 时许，歼灭公秉藩师大部，公被俘，装作一般俘虏获释。在追击中，又歼灭王金钰第四十七师一个旅大部。当晚，红军进占富田。接下来的半个月，红军从赣江东岸打到闽西北山区，横扫七百里，接连打了四个胜仗（吉水白沙歼灭战、中村歼敌战、广昌攻坚战、建宁奇袭战），歼敌 3 万多人。敌人第二次“围剿”失败。

【注释】

[白云山] 位于江西吉安、泰和、兴国三县交界处。东固反“围剿”时，毛泽东与朱德将指挥所设于此山山顶。

[枯木朽株] 原喻老朽无用之人。汉邹阳狱中上梁王书：“故无因至前，虽出随侯之珠，夜光之璧，犹结怨而不见德。故有人先谈，则以枯木朽株树功而不忘。”见《史记·鲁仲连邹阳列传》。本篇反其意而用之，谓老弱皆为勇士，奋起抗击。

[飞将军] 原指汉将李广。汉文帝时，抗击匈奴有功。武帝时为右北平太守，匈奴人呼为“飞将军”。见《史记·李将军列传》。借指红军。

[七百里] 约指自东固战后，红军向东横扫敌军行程。始于江西富田，至于福建建宁。

【品评】

毛泽东在诗词中，正面写到反“围剿”一共两次，此第二次。故应对照《反第一次大“围剿”》赏析。

上阕，写白云山，即东固之战的胜利，此谓“点”的描绘；下阕，写白云山战斗后，红军十五日的七百里反击战的胜利，此谓“线”（或“面”）的铺展。“点”与“线”结合，是本篇的结构特征。

上阕“白云”三句，从写景（空间）开始，以“俯视”角度，描写红军杀声震天、前赴后继的战斗姿态，展现的全是红军方面的声威。“云欲立”，是实景。战斗当天上午，白云山真的笼罩在一片云雾里，所以目力受限，而听力无碍；“齐努力”即是借“呼声”所作的判断。中午，云散去，视野开阔，故有“枪林逼”二句之形态描写。出现了“枪”，出现了“人”（飞将军），仍然只写红军形象，而不写敌人面目。这是出于强化红军英雄形象的创作命意。为了达到此目的，诗人还用拟人化的手法，写了“云”的“欲立”，以及“枯木朽株”的“努力”，进而表现了正义之师的得道多助。此外，诗人选用动词也极为洗练，枪林用“逼”字，飞将军用“入”字，都体现了居高临下、雷霆万钧、以石击卵之势。故不言胜利，胜利已在预料之中。

下阕，因为要概述出白云山胜利后的五次胜利，所以诗人的造语与造境更为奇幻。“七百里”三句,每一句都包含了千百字详述不了的内涵。“七百里驱十五日”，是战斗路线与战斗时间；“赣水苍茫闽山碧”则是对战场转移的诗情捕捉，胜券在握，才有一份闲情逸致“横扫千军如卷席”,接触到了正面冲突,但敌人太赖,完全经不起敲打,以“卷席”喻之,藐视之情出焉。收尾二句,用揣度语气,想象失败者的情态(泣)与心理(嗟叹)，兼有讽刺与嘲笑。

毛泽东的词作,善于铺排大事,善于避实就虚,句中的空间张力较大,表现了大家气度，此作得之。

菩萨蛮·大柏地

（一九三三年夏）

赤橙黄绿青蓝紫，谁持彩练当空舞？雨后复斜阳，关山阵阵苍。　　当年鏖战急，弹洞前村壁。装点此关山，今朝更好看。

【题解】

大柏地，在江西瑞金城北近60里处。大柏地战斗，发生于1929年2月10日，即这一年农历大年初一。故地重游，毛泽东写下这首回忆之作。

大柏地战斗，是红军离开井冈山后所打的第一个胜仗，得来不易，影响巨大。此前，1929年1月4日至7日，毛泽东在宁冈县柏路村召开前委、湘赣边界特委、红四军委、红五军委联席会议，决定除留两个团守卫井冈山外，由毛泽东、朱德率红四军主力第二十八团、三十一团及军直属队3600多人出击赣南。1月14日由井冈山茨坪出发，在遂川消灭国民党守军一个营，突破封锁线。南下大余县，再南入粤，经南雄东折，再入江西信丰、安远、寻乌诸县，又北折，过瑞金，至大柏地。一路流动作战八九百公里，后面先有强敌李文彬部，复有强敌刘士毅部相追，情形十分被动。大柏地有10余里长的峡谷，毛泽东选在此地设伏。1929年2月10日（大年初一），刘士毅旅两个团进入“口袋”，红军利用简陋武器与敌拼杀，朱德带队冲于前，平时很少摸枪的毛泽东也提枪跟警卫排向敌阵冲锋。鏖战至次日下午，全歼敌军，俘虏包括正副团长在内800余人，缴枪800余支，此乃红军下井冈山后第一次大胜仗。从此，红军摆脱被动，取得战场主动权。1933 年夏他重过大柏地时，敌人正准备发动第五次“围剿”。形势较当年大柏地战斗更其难也。

【注释】

［大柏地］为江西瑞金北一小镇，地当瑞金、宁都、石城、于都四县之间。

［彩练］形容七色彩虹。

［雨后复斜阳］化用唐温庭筠《菩萨蛮·南园》“雨后却斜阳”句，状雨过天晴景色。

［鏖战］激烈战斗。

【品评】

本篇为故地重游之作。景色是今天的，战斗是昨天的，用一份记忆，用一份观察，将今天与昨天交融于一。景美而情深，在不留痕迹处，是一种充满自豪的期待。

上阕四句，全写大柏地雨后彩虹辉映下的关山美景。“赤橙”句，连写七色，状彩虹，写法大胆而别致。复把彩虹当做“彩练”，发出入神之态的询问。“雨后”句，照应上两句，让读者明白彩虹出现的天气背景。“关山”句，视点则由天上转向山川大地，雨洗之，日照之，虹映之,关山秀色自然在变化中美轮美奂！四句皆写景,情在景中。是欣赏，是赞美，是主人公的热爱。

下阕，才真的进入回忆。“当年”二句，仅十个字，即将大柏地歼敌八百的一场恶战，极为洗练、极为传神地写出。“鏖战急”三字，最有再现力度；“弹洞”，则为特写放大。不写血、火、牺牲，牺牲自有“弹洞”印证之！回忆之短促，直如电光石火，紧接着，思绪又回到现实：“装点此关山，今朝更好看。”“今朝”一点即完成了与“当年”的感情贯通，个中意蕴十分明白:用战争手段打下来的“江山”,因归人民所有,将更壮美！

虽然这阕词大量写景，但对诗情的酝酿开篇入笔即已用力甚多。七种色彩，一字一顿，在明丽色彩的濡染中，毛泽东作为斗士的“诗心”早已被放飞九天。故曰：本章句句出色，字字含情。

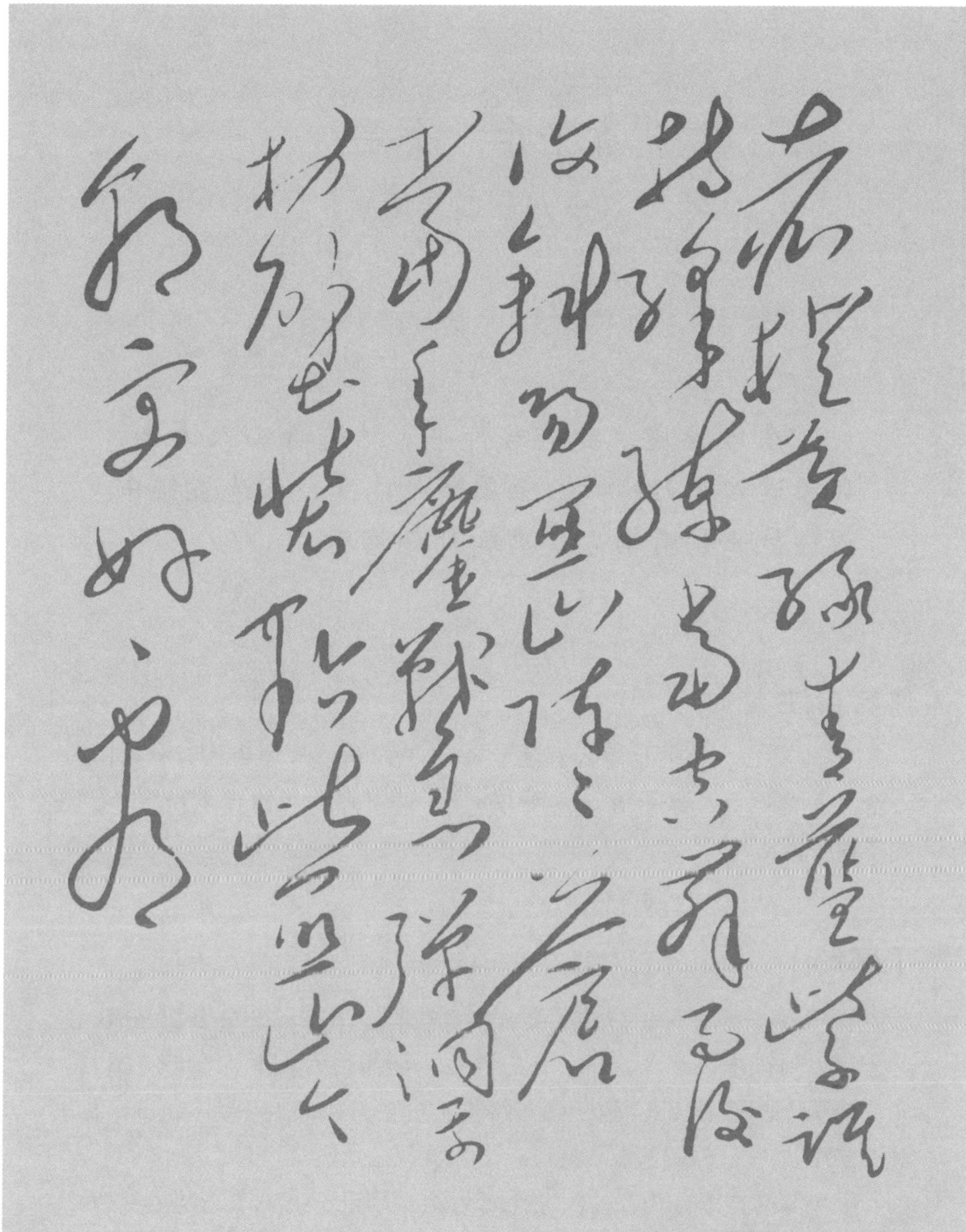

菩萨蛮·大柏地（手迹之一）

清平乐·会昌

（一九三四年夏）

东方欲晓，莫道君行早。踏遍青山人未老，风景这边独好。　　会昌城外高峰，颠连直接东溟。战士指看南粤，更加郁郁葱葱。

作者自注

［踏遍青山人未老］诗人自注："一九三四年，形势危急，准备长征，心情又是郁闷的。这一首《清平乐》，如前面那首《菩萨蛮》一样，表露了同一的心境。"

【题解】

1933年下半年蒋介石发动第五次"围剿"。用"三分军事，七分政治"的方针，封锁中央苏区。蒋自任总司令，调集百万大军，参与"围剿"。先头部队50万，分北、南、西三路实施进攻。1933年9月28日，蒋军攻占黎川。

中央苏区红军有8万人，与敌人攻击部队相比为1:6，形势虽然严峻，但较第三、第四次反"围剿"之1:10（十几）要好一些。战略、战术得当，仍可胜仗。但中共临时中央排斥毛泽东的正确领导，实行"御敌于国门之外"的错误方针，与敌硬拼，致使红军连吃败仗，根据地北大门广昌与南大门筠门岭先后丧失。1934年4月，毛泽东在被冷遇三个月后，重新工作，前往中央苏区南部的会昌视察并指导工作，协助粤赣省委书记刘晓、省军区司令员何长工稳住了根据地南线形势。毛泽东在会昌工作两月，成绩显著。一日晨，毛泽东带几个战士登上会昌城外的岚山岭，远望南方，写下《清平乐·会昌》。

毛泽东的大智慧在于指导刘、何二人与参与“围剿”的广东军阀陈济棠部“和谈”，达成“就地停战”，必要时“互相借路”的协议，这不但保住了赣南根据地，而且为中央红军突围长征开辟了道路。

【注释】

[会昌] 县名，在江西瑞金西南。中共粤赣省委驻地。

[莫道君行早] 取于俗谚“莫道君行早，更有早行人。”俗谚又本于宋释道原《景德传灯录》卷二十二：“谓言侵早起，更有夜行人。”君，诗人自谓。

[踏遍青山人未老] 人，亦诗人自谓。参见作者自注。

[高峰] 指会昌城西北的岚山岭。诗人在20世纪60年代回忆当年在会昌情景，说：“会昌有高山，天不亮我就去爬山。”

[南粤] 汉称“南越”，指今广东。

【品评】

这是诗人在中央苏区所写的最后一首词。审其意蕴，已见“长征”念头。

上阕，“东方”二句，写实，谓侵晨即起。占其先机，只争朝夕，均在一个“早”字上透出。别人不醒，诗人醒了；别人不动，诗人动了。故此二句尚有韵外之味、弦外之音。“踏遍”二句，亦为写实，起码是实指1927年秋收起义至1934年夏这一段岁月的革命实践。七年过去，壮志不减，故曰“人未老”。“独好”是赞“风景”的。此会昌“风景”，又隐指会昌反“围剿”之“形势”。总括四句，洋溢人生自信。

下阕，“会昌”二句，扣住词题，主要写“山”。登山而写山，本属自然，但此处着墨于“高峰”，着墨于山海相“连”，我以为倾向于“登高致远”四字，俗谓“站得高，看得远”也！“战士”二句，为全篇关键，或谓主题所以。“战士”，是包括了诗人在内的一个登山远眺的群体。“南粤”，当然指广东，但“郁郁葱葱”的“南粤”又不是一个纯粹的、单一的地理概念。那是一个曾经引发了革命，并在日后仍然大有可为的地方；或者说，“南粤”的生命之绿，对处于困境的中国革命，有着启示性的召唤！

毛泽东自注：写作此篇时，“心情又是郁闷的”。但从诗行间，我们怎么也寻不到“郁闷”。唯一的解释：艺术创作有时会背离或超越主观情绪；而艺术的灵感，或能先于碰撞迸发出火花。用数月后才开始的万里长征印证这阕词，我们会惊异于诗歌的前兆之光。

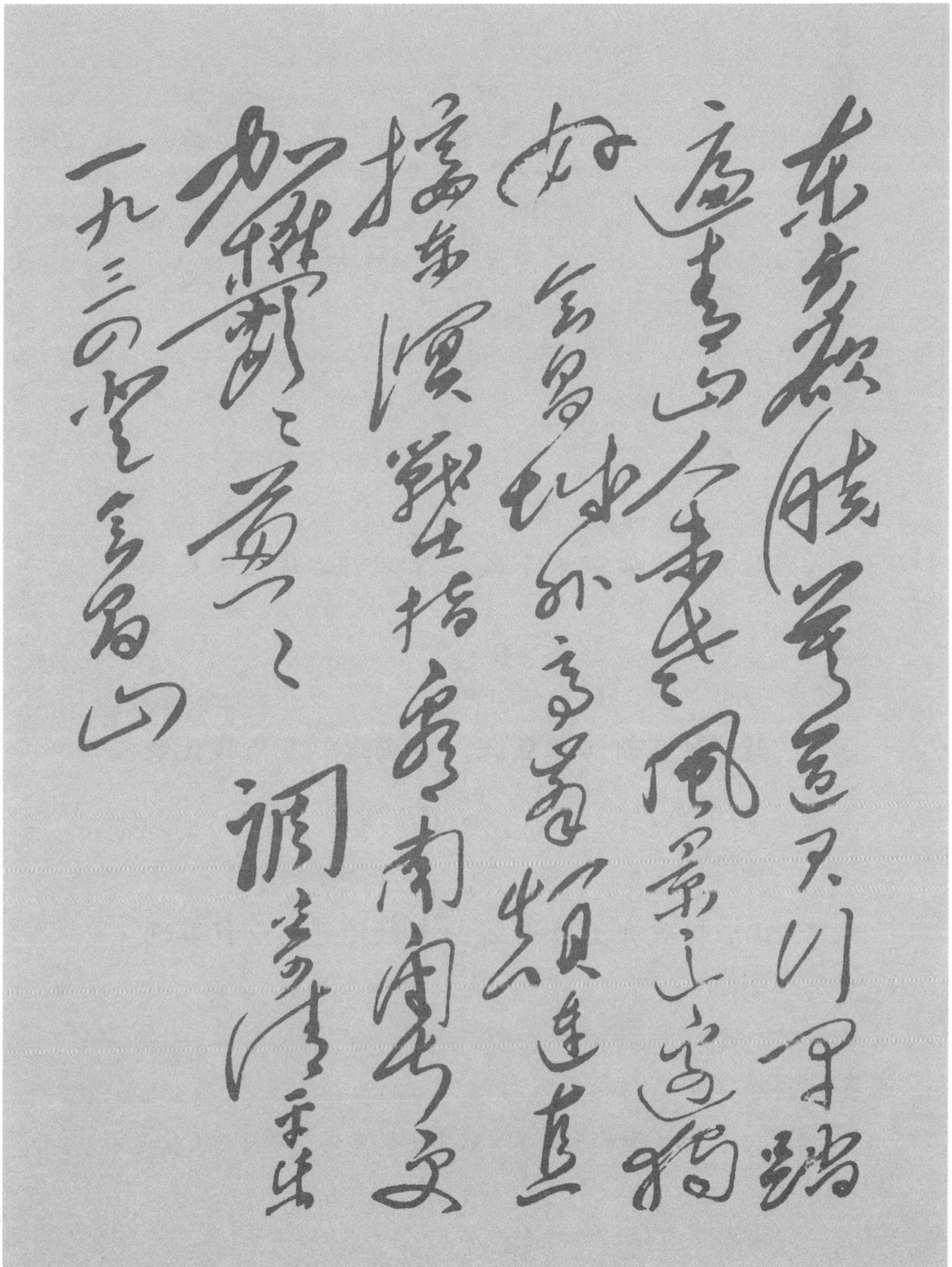
东方欲晓，莫道君行早。踏遍青山人未老，风景这边独好。
会昌城外高峰，颠连直接东溟。战士指看南粤，更加郁郁葱葱。
调寄清平乐
一九三四夏会昌山

清平乐·会昌（手迹之一）

十六字令三首

（一九三四年到一九三五年）

其一

山，快马加鞭未下鞍。惊回首，离天三尺三。

其二

山，倒海翻江卷巨澜。奔腾急，万马战犹酣。

其三

山，刺破青天锷未残。天欲堕，赖以拄其间。

作者自注

湖南民谣："上有骷髅山，下有八宝山，离天三尺三。人过要低头，马过要下鞍。"

【题解】

"十六字令"又名"苍梧谣"、"归字谣"。单调，16字，四句，三平韵。1934年10月10日晚，中共中央率领中央红军与中央机关人员共8.6

万余人，从瑞金出发，被迫实行长征。毛泽东 10 月 18 日傍晚带警卫员离开于都城，踏上征程，这一走，竟走了整整一年！ 1935 年 10 月 19 日，毛泽东随部队进驻吴起镇。三天后，中共中央在此召开政治局会议，宣告长征结束。十六字令三首，即写长征由初期到后期整个过程中对“山”的感受。“山”的形象，经拟人化处理，有了生命的、政治的寓意。

【注释】

[离天三尺三] 民谣成句。形容山高。

[酣] 尽情，痛快。

[锷] 刀剑锋刃。《庄子 · 说剑》：“天子之剑，以燕溪石城为锋，齐岱为锷。”

【品评】

三首小令皆以“山”开篇，故“山”字可视为词题。

中国南方、西南方多山，是事实；这个多山的区域正是红军长征必由之路。经历长征，即是经历山对人的考验。人在被考验时，也加深了对山的理解。

第一首词，突出山的巍峨高峻。

“山，快马加鞭未下鞍。”劈空一个“山”字，是在飞马驰骋中的视觉形象。“未下鞍”，是对民谣“马过要下鞍”的反用，强调红军战士的战斗英姿。“惊回首”二句，极状山之“高”；人又在山上，故实写“人”之高。

第二首词，突出山的磅礴气势。

“山，倒海翻江卷巨澜。”是将静态的山，加以动态化。山连山，如浪打浪，如此，群山连绵便形同大浪前奔。这是毛泽东的艺术发现。因为以水势摹拟山势情犹未尽，所以诗人复以千军万马比拟群山之势。“奔腾急，万马战犹酣”，是山的雄姿，也是红军雄姿！

第三者，突出山的挺拔坚固。

“山，刺破青天锷未残。”是“剑”的形象，是坚不可摧、锐不可当的形象，是擎天柱的形象。故下句才有“天欲堕，赖以拄其间”的结论。这结论是一假设性比喻，用以形容 1935 年时的中国形势极为恰当。“九一八”事变后，日本侵华野心日趋猖狂，中国的“天”，有下“堕”可能。蒋介石不积极抗日，却积极反共，挽救民族危亡的任务自然落在中国共产党人肩上。有擎天柱，天不会塌；有中国共产党，中国不会亡！

本篇是咏物诗。咏物而有寄托，其意也深，其志也宏。一曲“山”的颂歌，实为一曲中国共产党的、中国工农红军的颂歌。但它又不是纯然的颂美，身当大任的自信溢于言表。

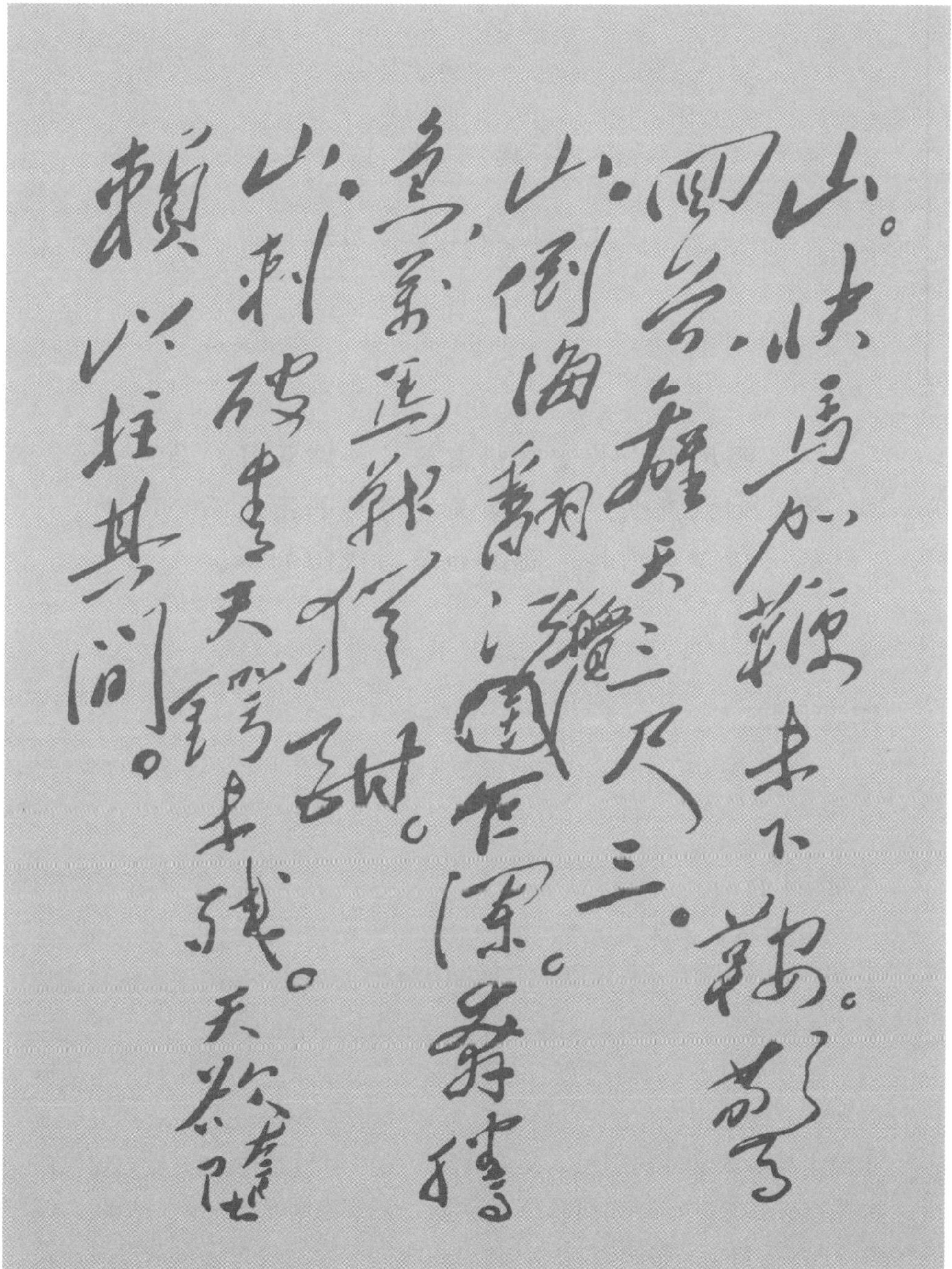
山。快马加鞭未下鞍。惊回首，离天三尺三。
山，倒海翻江卷巨澜。奔腾急，万马战犹酣。
山，刺破青天锷未残。天欲堕，赖以拄其间。

十六字令三首（手迹之一）

忆秦娥·娄山关

（一九三五年二月）

西风烈，长空雁叫霜晨月。霜晨月，马蹄声碎，喇叭声咽。　　雄关漫道真如铁，而今迈步从头越。从头越，苍山如海，残阳如血。

作者自注

万里长征，千回百折，顺利少于困难不知有多少倍，心情是沉郁的。

【题解】

“忆秦娥”相传为唐李白所创或疑后人伪托。仄韵，十句，46字。上下阕各四句用仄韵，其中的三字句是叠韵，为上句末三字的重复。又名“秦楼月”、“花深深”、“双荷叶”、“子夜歌”等。

红军的长征（战略转移）是严格保密的。国民党虽重兵封锁，却不知红军往哪个方向走。1934年10月21日，红军经战斗在赣县王母渡与信丰县新田之间突围后，又突破敌人第一道封锁线。11月上旬，在湘南突破其第二道封锁线。11月中旬，在湘南穿越第三条封锁线。但在11月下旬突破第四道封锁线时，由于部队辎重过多，行动过缓，大部尚未过江，即遭强敌夹击。8.6万多红军过江后仅余3万多人。在这危急关头，毛泽东于12月11日召开的临时紧急会议上提出放弃原定由湘黔边境北去湘西与红二、六军会师的计划，改为西入贵州，得

到支持。12 月 15 日红军占贵州黎平。1935 年 1 月 2 日至 6 日，中央红军渡乌江，挺进黔北，1 月 7 日解放遵义。1 月 15 日至 17 日，遵义会议召开，结束了王明“左”倾路线对党中央四年的统治，确立了毛泽东在党中央和红军中的领导地位。

1935 年 1 月 29 日，红军一渡赤水，由黔北攻入四川古蔺、叙永地区，再入云南扎西。为避川、滇三军堵截，红军回头东攻，二渡赤水，攻占黔北桐梓和娄山关，重夺遵义。此役歼灭敌人两个师又八个团，俘敌 3000 多人。这是长征五个月以来第一次胜仗。

【注释】

[娄山关]又名太平关，在贵州遵义之北 90 里之娄山之巅。群峰插云，一线中通，向为自蜀入黔要隘。二渡赤水，重回黔北，红军在此打败黔军王家烈部。

[“西风”句] 似写秋季物候，实乃当地二月间真实景象。

[从头越] 重新跨越。娄山关胜利后，重夺遵义，若北上，须重过娄山关。

【品评】

本篇为夺取娄山关后的抒情之章，是写战争的，但省略了许多战斗细节。写景为主，借景抒情，以情景交融的美学极致，表达了一种“腾平天宇”的战斗豪情。

上阕，“西风”二句为眼前实景。言及“西风”、“雁叫”、“霜”侵，人们会以为是“晚秋”景象。考娄山关之战，在 1935 年 2 月 26 日，南方黔中，已是早春。以秋词写春景，一与心情吻合，二与血战吻合。首句那个“烈”字，是风势，亦战势，故二句一出，娄山关之战的肃杀阵氛，陡然而起，但这是侧面的、暗示性的。待“霜晨月”三句吟出，原先由“风”声、“雁叫”伴奏的自然景观，因为“马蹄声”、“喇叭声”的介入而一变为战争景观。可以将“马蹄声”、“喇叭声”理解为冲锋陷阵，也可以理解为战斗结束，红军队列的威武通过。上阕五句，一句重叠，仅有四句，写了四种声音：风声、雁声、马蹄声、喇叭声，声音的主体，是红军战士。

但有几种声音被诗人省略了：枪声、炮声、喊杀声。虽然未写，读者可于心灵感受。

下阕，“雄关”句呼应词题，叙述描写之中夹一议论慨叹。莫说雄关如铁，红军战士不是一越再越吗？“铁”字，金城汤池之谓也。故词中最豪放语，当为“而今迈步从头越”。娄山关之战，非长征“头”一战，但却是长征“头”一次大胜仗。因而，“从头越”，不但表明“从零开始”的气度，也表明“从胜利走向胜利”的信心。结句，回复为景语，又非单纯景语，“苍山如海，残阳如血”，在一派倾向于“暖”的色调里，诗人分明又注入几多悲壮。我不主张将“血”字坐实为流血牺牲，那不是解诗，但以“血”形容残阳，总有几分豪情与悲情。

诗人自注：“万里长征，千回百折，顺利少于困难不知有多少倍，心情是沉郁的。”沉郁顿挫而归于决不回头、不断前进，于是有胜利，以及记录胜利的诗歌。写于遵义会议之后的《娄山关》一词，蕴含着更为深浑的忧患精神；一支军队，一个党，一份抗日卫国的使命，皆系于一个人的决策，这个人的精神世界自应有渊海之博宏！

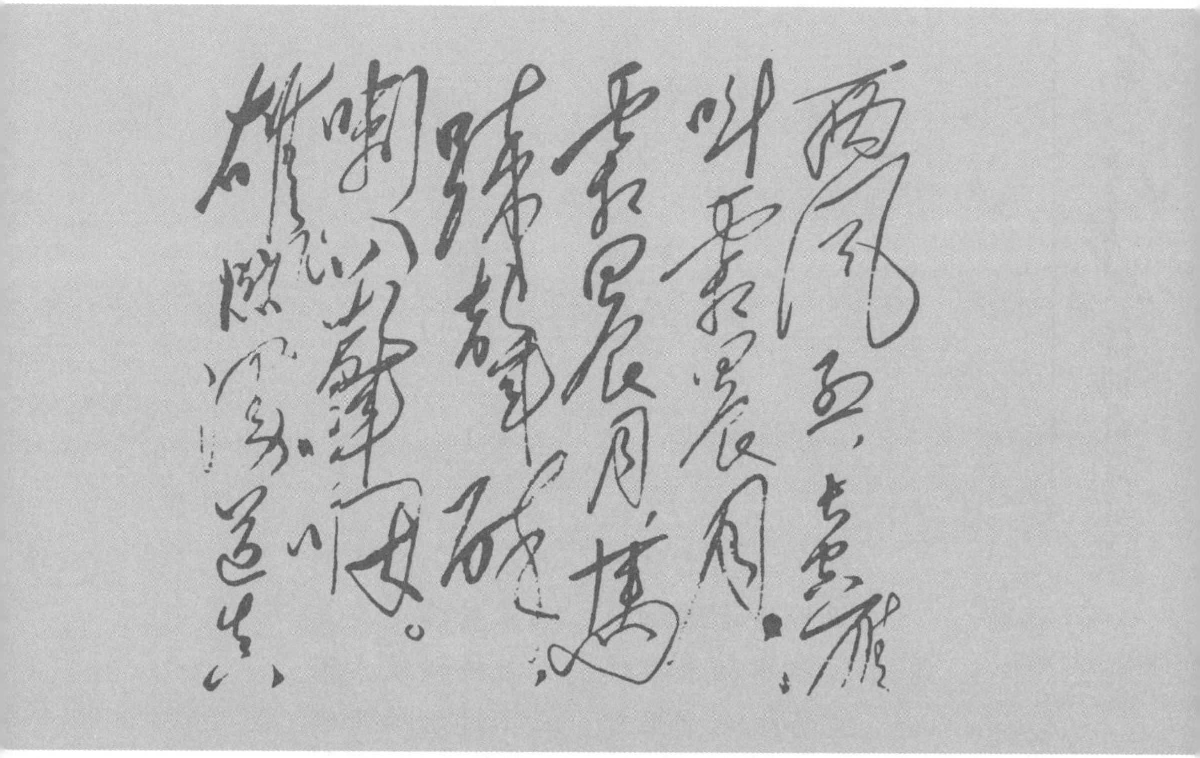

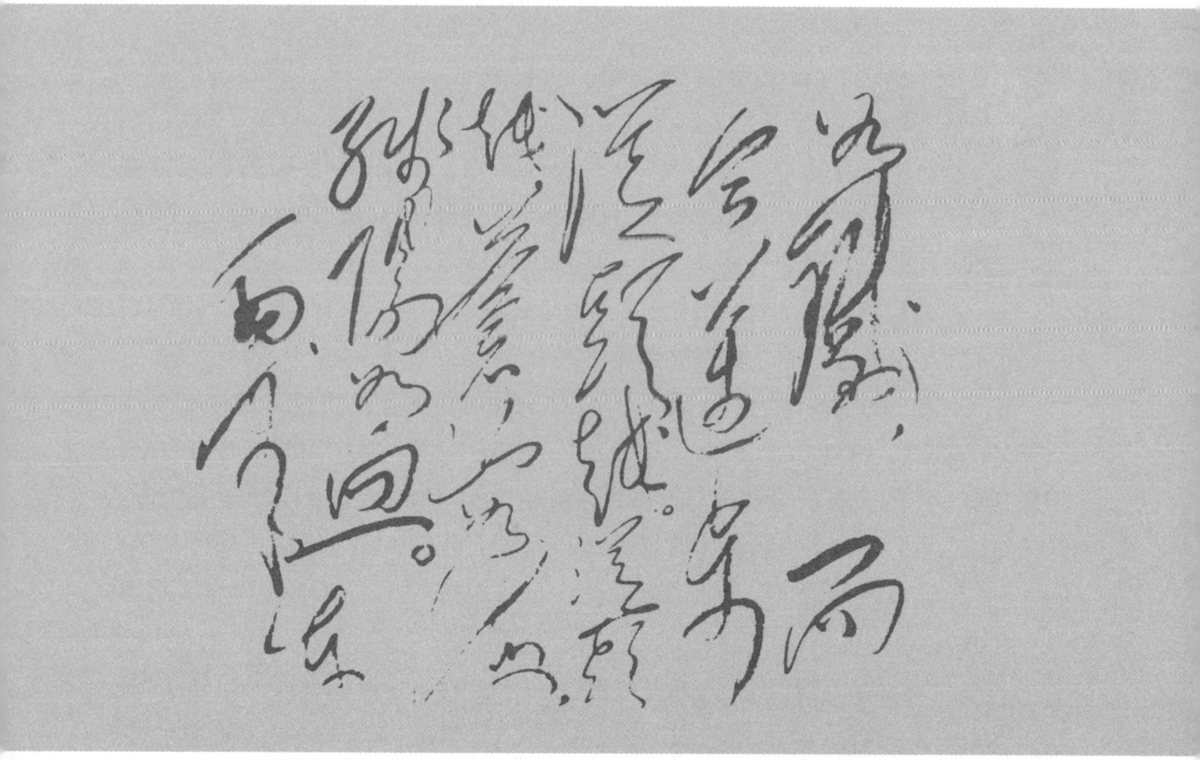

忆秦娥·娄山关（手迹之一）

七律·长征

（一九三五年十月）

红军不怕远征难，万水千山只等闲。
五岭逶迤腾细浪，乌蒙磅礴走泥丸。
金沙水拍云崖暖，大渡桥横铁索寒。
更喜岷山千里雪，三军过后尽开颜。

【题解】

十分巧合的是，1934 年 10 月长征开始，到 1935 年 10 月，红军整整走了一年，到达陕北。而毛泽东踏上征途是 1934 年 10 月 18 日傍晚，他到达陕北吴起镇则是 1935 年 10 月 18 日，刚好一年。

一年的时间，放诸宇宙，何其短也；但长征的一年，改变了一支军队、一个党的命运，随之也影响到中国的命运。

长征的前四个月，毛泽东不负有领导中央红军的责任，故红军损失惨重。自 1935 年 1 月的遵义会议，结束了王明“左”倾路线的统治，确立了毛泽东在党中央与红军的领导地位，长征形势由被动转入主动。在毛泽东指挥下，红军巧渡金沙江，强渡大渡河，翻过雪山，越过草地，进行了数百次战斗，纵横 11 省，长驱二万五千里，终于胜利完成战略大转移。

1935 年 11 月 5 日，毛泽东对红一军团的战士讲到长征，说道：“我们从瑞金算起，总共走了 367 天。我们走过了赣、闽、粤、湘、黔、桂、滇、川、康、甘、陕共 11 个省，经过了……万水千山……长征，是宣言书，是宣传队，是播种机。它将载入史册。”

七律《长征》，则是诗化的长征总结。

【注释】

[五岭] 指横亘于湘、赣、粤、桂四省的大庾、骑田、萌渚、都庞、越城五岭。

[乌蒙] 乌蒙山。在云、贵二省交界处。

[金沙] 金沙江。长江上游。

[大渡桥] 指大渡河上的泸定桥。大渡河，源出青海、四川交界处的果洛山，流入岷江。泸定桥在四川泸定县，由 13 根铁索，悬挂两岸，上铺木板。

[岷山] 又称雪山，在四川松潘之北，为长江黄河分水岭。

[三军] 泛指红军。作者自注：“三军：红一方面军、二方面军、四方面军。不是海陆空三军，也不是古代晋国所说的上军、中军、下军的三军。”

【品评】

本篇为毛泽东长征题材诗歌的第六首诗。与《十六字令三首》和《娄山关》写于长征途中不同，这是写于长征胜利后的。创作于同一时期稍前的，还有六言诗《给彭德怀同志》。因而，“乐观”的基调有别于前期的“沉郁”。

首联“红军不怕远征难，万水千山只等闲”，入句扣题，而且概述长征，揭示主题。本诗的主题，即歌颂红军长征。“红军不怕远征难”则是诗歌主题开门见山式的揭示。“万水”句，是对“红军”句的补充性阐发。这一联，总领全诗。以下三联的内容则紧扣客观环境的“万水千山”以及主观精神的“不怕”、“只等闲”展开。

颔联“五岭”二句，写山，写“千山”，以乌蒙、五岭为代表。写山，也同时写了人。“五岭逶迤”，千里连绵，何等巍峨壮阔，但在红军战士眼里，等同“细浪”耳！“乌蒙磅礴”，峻峭高远，又何等苍莽雄浑，但在红军战士眼里,仅为“泥丸”耳。实写“山”,又用“山”烘托了“红军”,可谓诗意双关!

颈联“金沙”二句,写水,写“万水”,以金沙江、大渡河为代表。写水的同时也写了人。感知金沙水“暖”与感知大渡桥“寒”者,都是红军战士。1935 年 5 月初,红军先头部队在绞车渡的附近意外俘获两只渡船,于是利用此船,奇袭对岸守敌,巧渡金沙江,牺牲很少,故用一“暖”字表心境。大渡桥则用了强渡,不单夺桥前一日行 240 里,而且过桥时亦枪林弹雨。一个“寒”字,对流血牺牲的回味尽在其中。

尾联,以情带景,描写了长征的最后阶段,将战斗与喜悦并写,但以抒情为主。“喜”是倾于内心的,“开颜”则是溢于形体的。回顾首联,这种喜悦之情的展现又与“不怕”、“只等闲”的心理基调一脉相承。

“长征”的最大障碍,是敌人的围、追、堵、截,但本篇一概不写。仅写了越千山而渡“万水”,这是诗人长于熔铸、精于提炼、善于表述的体现。将叙述与抒情紧密结合,是本篇的又一结构特征,这使《长征》一诗洋溢着抒情风格。至于炼字、遣词之精,诗家本分,已毋庸说析也。

念奴娇·昆仑

(一九三五年十月)

横空出世，莽昆仑，阅尽人间春色。飞起玉龙三百万，搅得周天寒彻。夏日消溶，江河横溢，人或为鱼鳖。千秋功罪，谁人曾与评说？　　而今我谓昆仑：不要这高，不要这多雪。安得倚天抽宝剑，把汝裁为三截？一截遗欧，一截赠美，一截还东国。太平世界，环球同此凉热。

作者自注

前人所谓“战罢玉龙三百万，败鳞残甲满天飞”，说的是飞雪。这里借用一句，说的是雪山。夏日登岷山远望，群山飞舞，一片皆白。老百姓说，当年孙行者过此，都是火焰山，就是他借了芭蕉扇扇灭了火，所以变白了。又注：“昆仑各脉之雪，积世不灭，登高远望，白龙万千，纵横飞舞，并非败鳞残甲。夏日部分消溶，危害中国，好看不好吃，试为评之。”

【题解】

“念奴娇”为借用唐玄宗天宝年间著名歌女念奴之名而命名。因宋代苏轼曾用此牌填成《赤壁怀古》，开篇有“大江东去”句，故此牌又名“大江东去”。此外还有“酹江月”（仍为苏轼词语）、“壶中天”、“古梅曲”、“百字令”、“百字谣”、“湘月”诸名。双调，100字，前后阕各十句，四仄韵。词题“昆仑”，取于山名。昆仑山脉西起帕米尔高原的葱岭，沿新疆、西藏边界向东延伸，青海、甘肃、四川的许多山皆为其支脉（支脉又分北支、南支、中支），山脉全长2500公里。最高峰公格尔山海拔7723米。七律《长征》与本词作者自注言及之“岷山”，即昆仑支脉之一。本词作于1935年10月长征胜利日。一个月中，毛泽东创作诗词多达四首，充分显示了创作爆发期的诗情焕然。此应归之于胜利者的精神解放。裁截昆仑，为对大自然的改造；实寓对社会、对世界的改造。作者自注谓：“昆仑：主题思想是反对帝国主义，不是别的。改一句，‘一截留中国’，改为‘一截还东国’。忘记了日本人民是不对的。这样，英、美、日都涉及了。别的解释不合实际。”

【注释】

[横空出世] 极言昆仑山之高峻巨大。

[飞起玉龙三百万] 化用北宋张元《雪》中诗句“战退（罢）玉龙三百万，败鳞残甲满天飞”。易二字，玉龙活了。三百万，非实指，极言其多。

[人或为鱼鳖] 语本《左传·昭公元年》：“微禹，吾其鱼乎！”意谓若非大禹治水，洪水为害，人淹水中，如鱼如鳖。

[倚天抽宝剑] 宋玉《大言赋》：“长剑耿耿倚天外。”李白《临江王节士歌》：“安得倚天剑，跨海斩长鲸。”为其所本。

[遗] 馈赠。音wèi。

[还东国] 首次发表作“留中国”。1963年版《毛泽东诗词》本改为“还东国”，以指日本。

【品评】

毛泽东自注谓，本篇的“主题思想是反对帝国主义”。如何从对昆仑的描绘中揭示出这一主题，为鉴赏本章关键。

上阕，用拟人及象征手法描绘昆仑山的高峻酷寒，评说其历史功罪。“横空”三句，起笔突兀，直写昆仑山之“大”（横空）、之“高”（出世）、之绵延高耸（莽）；又转而站在昆仑山的立场上，俯视人寰，阅尽兴衰之变。定法独特，得力于诗人想象丰富。“飞起”三句，则重点描绘昆仑山的多雪奇寒。前人写雪，比如“玉龙”，且是“战罢（退）”的玉龙；毛泽东改为“飞起”的玉龙，将周天搅混，造成大雪。这是化静为动，倍添精神。诗人曾自注：“昆仑各脉之雪，积世不灭，登高远望，白龙万千，纵横飞舞，并非败鳞残甲。夏日部分消溶，危害中国，好看不好吃，试为评之。”按诗人之说，为基于“水患”而言之；殊不知雪山无雪，消溶无滴，岂非天地万物大害？故读词畅怀，又不必拘于诗人之自注也明。接下来“夏日”三句，写昆仑夏日水患。“江河横溢，人或为鱼鳖”为灾难极状、普遍状。这曲折反映了帝国主义时代殖民地、半殖民地人民无法逃脱的命运。“反帝”主题，在此微露端倪！“千秋”二句，提出一个千秋百代谁也未曾触及的问题：昆仑功罪。“功罪”一词，反义联合，此处偏于“罪”。借“评说”昆仑之功罪，诗人申说的是一种“评说权”转移的问题。中国共产党人、中国无产阶级、中国红军的领袖要“评说”昆仑功罪了，这又是与帝国主义世界的强权政治、民族侵略（如日本侵略中国）相对立的。进一步侧面揭示“反帝”主题。

下阕，以联想为支撑点，抒发改造昆仑（也是中国）、造福人类的理想。这个理想，因为归结于“太平世界”、“寰球”同一“凉热”，而有共产主义倾向。共产主义若立，则帝国主义必破，全诗之反帝主题趋于鲜明。

“而今我谓昆仑”三句，承上阕“评说”而来，用两个“不要”，表达重整山河、改造世界的决心。“而今”与“千秋”对照，“我谓昆仑”与“谁人评说”对照，诗人形象渐趋清晰高大。“安得”以下五句，皆诗人动作：抽剑、截山、分赠，可谓前无古人。其形象之高、力量之大、气度之宏，中外古今无可比拟者。行笔至此，毛泽东艺术地塑造了一个理想化的“我”。这是个大“我”，是诗化的“我”，只在精神上与毛泽东一致。“太平世界，寰球同此凉热”，其共产主义精神，不言已明。

上阕实写，下阕虚写，由实而虚，上下连贯，皆以浪漫诗情串接之。大“我”形象的塑造，是有阶段性的，可以印证毛泽东的人生飞跃。

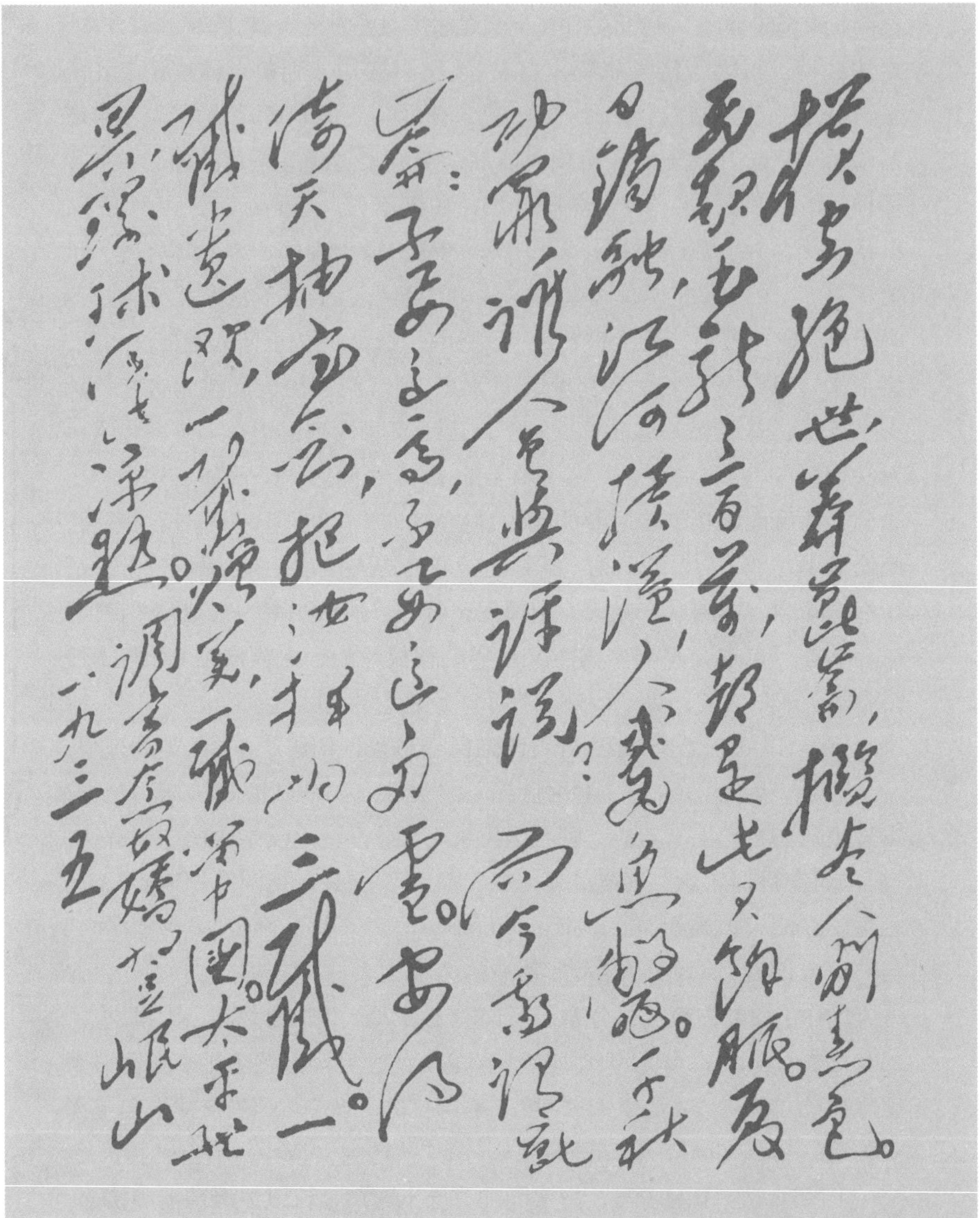

横空出世，莽昆仑，阅尽人间春色。飞起玉龙三百万，搅得周天寒彻。夏日消溶，江河横溢，人或为鱼鳖。千秋功罪，谁人曾与评说？而今我谓昆仑：不要这高，不要这多雪。安得倚天抽宝剑，把汝裁为三截。一截遗欧，一截赠美，一截留中国。太平世界，环球同此凉热。

调寄念奴娇 昆仑山

一九三五

念奴娇 · 昆仑(手迹之一)

清平乐·六盘山

（一九三五年十月）

天高云淡，望断南飞雁。不到长城非好汉，屈指行程二万。

六盘山上高峰，红旗漫卷西风。今日长缨在手，何时缚住苍龙？

作者自注

苍龙：蒋介石，不是日本人。因为当时全副精神要对付的是蒋不是日。

【题解】

词题“六盘山”，是写长征行经六盘山的感受。1935 年 9 月，红军长征部队翻越岷山，进入甘南地区。9 月 26 日，蒋介石自任西北“剿匪”总司令，调集 20 万大军，“围剿”陕甘宁根据地，并在陕甘交界的六盘山地区建立封锁线，妄图阻止红军北上。毛泽东指挥红军于 9 月 27 日到达甘肃通渭榜罗镇，接着又突破会宁、静宁、平凉、固原间的封锁线；10 月 7 日，红军进抵六盘山下的青石嘴，歼灭敌两个骑兵连，并于当日下午胜利翻越六盘山。六盘山是红军长征途中翻越的最后一座高山。此山位于宁夏固原西南，山峰险峻，山路多曲，传说从山下到山上有 34 个盘旋。其主峰海拔 2928 米。此山原有鹿，人上山，缘鹿迹行走，故名“鹿盘山”；为书写方便，改“六盘山”。毛泽东路过此山时，心情愉快，一边赏景，一边与战士谈古论今，诗情奔涌，遂有是作。

【注释】

[南飞雁] 唐王维《寄荆州张丞相》有“目尽南飞雁”句。化用为“望断”，意即久视之，直至看不见。

[长城] 西起甘肃嘉峪关，东至河北山海关，全长6000余公里。

[二万] 指里程。约数。实指二万五千里长征。

[苍龙] 亦作“仓龙”，即太岁星。古天文学者所假想之星名，旧时术士以“太岁”所在为凶方。有作者自注可参。

【品评】

本篇为毛泽东长征系列诗词中最有阳光气象的明丽之作。

上阕，“天高”二句，写晴空景色。山高，站在山上，再向上看，天、云、雁又在其上。故此二句是写长天烟景的。天高，云淡，境界自然开阔，心境亦如物境。“望断”之目标，为“雁”，为“南”方。所以，必有一份关于南方的惦念。昔日，古人惯用“雁书”表示音问，此句亦含此意。“不到”二句，收回目光，转入深思。“不到长城非好汉”，为中国俗语引入本篇，表现红军战士一路奋斗目标。“屈指”一句，算长征里程，算长征牺牲，算长征胜利，尽在其中。

下阕，景情交融，以六盘山行军场面显示长征胜利，由此胜利，推想日后胜利，达到抒情高潮。“六盘山”二句，扣词题，突显山“高”；高山红旗，突显军容之壮，皆暗合“长征”大举。“今日”二句，为直接抒情。妙在用设问形式，“何时”缚龙？引发人之思虑，以抒“革命尚未成功，同志仍须努力”之怀。

“雁”、“好汉”、“长缨”、“苍龙”等，皆为旧典；本篇化用之，了无衔接之痕。这证明毛泽东词艺经历长征火与血的考验，已臻于圆熟之境。证明之一，便是代表作《沁园春·雪》的同期推出。

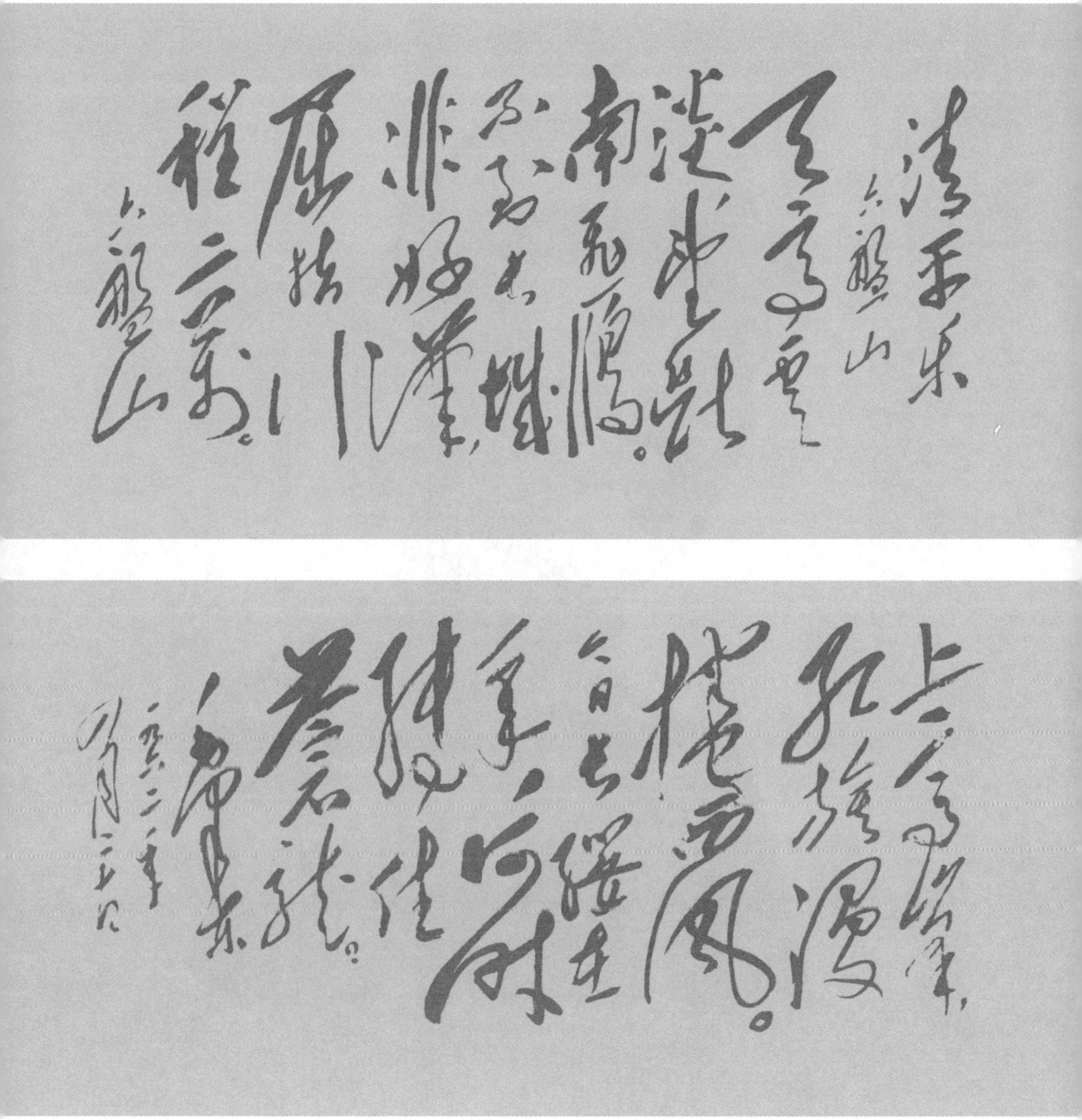

清平乐·六盘山(手迹之一)

1936 年到达陕北后的毛泽东

沁园春·雪

（一九三六年二月）

北国风光，千里冰封，万里雪飘。望长城内外，惟余莽莽；大河上下，顿失滔滔。山舞银蛇，原驰蜡象，欲与天公试比高。须晴日，看红装素裹，分外妖娆。　　江山如此多娇，引无数英雄竞折腰。惜秦皇汉武，略输文采；唐宗宋祖，稍逊风骚。一代天骄，成吉思汗，只识弯弓射大雕。俱往矣，数风流人物，还看今朝。

作者自注

原指高原，即秦晋高原。

【题解】

1935 年 10 月红军抵达陕北，完成伟大长征。蒋介石调集东北军五个师围歼红军。毛泽东指挥红军于 11 月底直罗镇战役歼灭一〇九师大部和一〇六师一个团。此役被毛泽东誉为建设西北革命大本营的“奠基礼”。12 月 17 日至 25 日，中共中央在瓦窑堡召开政治局扩大会议，通过了毛泽东起草的《中央关于军事战略问题的决议》。决议指出，中国共产党的总任务是“以坚决的民族战争，反抗日本帝国主义进攻中国”。在 1936 年 1 月 17 日的中央政治局会议上，毛泽东又提出东渡黄河，以求发展的决策。1月底，毛泽东由瓦窑堡经延川到达延长县县城，又在这里主持召开了军委扩大会议。恰在1月底2月初，此处天降大雪。毛泽东登高远眺，浮想联翩，思接古今，遂有《沁园春·雪》问世。1945年抗战胜利，毛泽东于是年8月28日飞赴重庆与国民党和谈。南社诗人柳亚子写了一首七律《一九四五年八月三十日渝州曾家岩呈毛泽东》，并向毛泽东索诗。毛泽东即手书《沁园春·雪》相赠。同年11月，这首词被重庆《新民报晚刊》传抄发表，虽有讹错，一时亦广为传诵。1951年1月8日《文汇报附刊》曾将毛泽东书赠柳亚子墨迹制版刊出。

【注释】

[雪] 陕北大雪。作者自注："雪：反封建主义，批判二千年封建主义的一个反动侧面。文采、风骚、大雕，只能如是，须知这是写诗啊！难道可以谩骂这一些人们吗？别的解释是错的，末三句，是指无产阶级。"

[大河] 黄河。

[折腰] 屈身侍候。意谓为国忧劳。

[秦皇汉武] 秦始皇帝嬴政，汉武帝刘彻。

[唐宗宋祖] 唐太宗李世民，宋太祖赵匡胤。

[风骚] 原指《国风》、《离骚》，后泛指文章辞藻。

[天骄] 汉朝称北方匈奴为"天之骄子"，简称"天骄"。见《汉书·匈奴传》："南有大汉，北有强胡。胡者，天之骄子也。"

[成吉思汗] 元太祖。孛儿只斤氏，名铁木真，统一蒙古诸部，建蒙古汗国，被推为"大汗"，上尊号曰"成吉思汗"。

[射大雕] 以喻武功。北方草原民族善骑射，能射雕者，称"射雕手"。

【品评】

因为有了诗人的"自注"，这首词较易索解。

上阕，全部写景，景语铺陈的过程，北国莽原雪景一层又一层展开。借写景者的专注与投入，那一份江山深情微妙透露。

"北国风光，千里冰封，万里雪飘"。此三句，紧扣词题之"雪"，以自近及远的波及形式展开。"千里"、"万里"，非目力所能见，尤其雪

中；故千里万里句皆为由眼前景而合理推想语。另一设想，则是存在着一位“巨人主体”，俯视人寰，自可收揽天下！“望”字，统领上阕下余十句。“长城内外，惟余莽莽；大河上下，顿失滔滔”四句，一写山景，一写水景；山景水景皆雪景，故而山只有莽莽，水已失滔滔。从语义看，仍与起势之“千里”、“万里”相应和。接下来的“山”与“原”，在长城、大河总体背景下浮现成近景，故“山舞银蛇，原驰蜡象，欲与天公试比高”三句，是具有特写性质的画面。与天“比高”，其实是真实的雪中画面。因为雪，天地一混沌，才有地上之“山”、“原”与天色相混化的印象。“须晴日”三句，时间暗转，天气转晴，雪景披以阳光，有了“红装素裹”效应，更其妖娆。

上阕的雪景描写气魄宏大，角度奇特，艺术效果是前无古人的。诗人对祖国山川的热爱，蕴含景中。

下阕，转入回忆与议论。以“江山如此多娇”上承而下启，将上下阕勾连为一。“引无数英雄竞折腰”一句，直领以下七句。这七句，又以一个“惜”字总领，表示情感倾向与分寸。“惜”者，可惜、可叹之谓也！毛泽东说，写诗不能谩骂。连对数千年封建主义的批判也仅仅化为一个“惜”字，可见用词炼意之苦心。“秦皇汉武”，只是“文采”略微欠缺；“唐宗宋祖”，只是“风骚”稍稍逊色；“一代天骄”的“成吉思汗”比上四人又下一着，因为他离“文采”、“风骚”更其遥远，仅有武功，“只识”、“射大雕”而已。上举五人，从封建帝王群体看，还是都有建树的；可在毛泽东眼里，仍然各有所短，其余芸芸帝王，更不足称说也。所以，历史回忆结束，毛泽东不由望雪长叹：“俱往矣，数风流人物，还看今朝。”风流人物，指有作为有影响的人物。毛泽东说指无产阶级。这是诗人的解释。读者、评者由此句引发的联想，可以放大或缩小。在我的感受里，这首词的结句，并不排斥毛泽东的人生自况。

评诗者，多言“意境”。《沁园春·雪》的“意境”之美，可谓冠绝毛泽东诗词。境阔而意高，非写作大手笔、事业大丈夫难为此章。至于景情对比、古今对比、爱憎对比等，可为写作旧体诗之典范。

1947年毛泽东在陕北佳县朱官寨窑洞内看地图，部署人民解放军战略进攻。

七律·人民解放军占领南京

（一九四九年四月）

钟山风雨起苍黄，百万雄师过大江。
虎踞龙盘今胜昔，天翻地覆慨而慷。
宜将剩勇追穷寇，不可沽名学霸王。
天若有情天亦老，人间正道是沧桑。

【题解】

1948年9月到1949年1月，中国人民解放军接连取得了辽沈、淮海、平津三大战役的胜利，共歼灭国民党精锐部队154万多人。为阻止解放军南进，国民党当局高喊“和平”，施放“和谈”烟幕。国际、国内都有人士鼓吹“中间路线”，主张国共“南北分治”。1949年元旦，毛泽东发表《将革命进行到底》的文章。1949年4月20日，国民党拒在《和平协定》上签字。4月21日，毛泽东、朱德签发《向全国进军的命令》，命令中国人民解放军“坚决、彻底、干净、全部地歼灭中国境内一切敢于抵抗的国民党反动派，解放全国人民，保卫中国领土主权的独立和完整。”在西起九江，东至江阴的千里战线上，中国人民解放军以排山倒海之势突破国民党“长江防线”，于23日午夜攻占国民党政权“首都”南京。

胜利消息传到北京。毛泽东一起床，就看到了《人民日报》号外。从屋里走出，在凉亭的藤椅上坐下，继续读报。读毕，他立即回屋，向刘伯承、邓小平发去贺电，并写下《七律·人民解放军占领南京》。

【注释】

[南京] 今属江苏省。曾为“中华民国”首都。

[钟山] 古称钟阜，即紫金山，位于南京城东北。

[虎踞龙盘] 典出晋张勃《吴录》，载诸葛亮语：“钟山龙盘，石头虎踞，此帝王之宅。”见《太平御览》卷一五六引。又李白《永王东巡歌》：“龙盘虎踞帝王州，帝子金陵访古丘。”

[慨而慷] 即感慨，激动。曹操《短歌行》：“慨当以慷。”

[追穷寇] 谓全歼敌寇。古兵法谓“穷寇勿追”，今反其意而用之。

[霸王] 西楚霸王项羽。

[天若有情天亦老] 取唐李贺《金铜仙人辞汉歌》成句。李诗为仙人承露盘被迁移而生感慨，此诗为时局转变而生叹。

[沧桑]沧海桑田。典出葛洪《神仙传》，麻姑自说，已见东海三为桑田。后喻自然或社会变化。

【品评】

诸葛亮说，南京“钟山龙盘，石头虎踞，此帝王之宅。”但国民党政权在此“帝王之宅”仅仅蹲踞了14年（抗战沦陷8年）。形胜不佑腐政也明。

毛泽东此诗是歌颂中国人民解放军胜利的。但诗意幽邃，融入更多的历史慨叹。

首联以“钟山风雨”描摹一个王朝的衰败，虽事起“苍黄”，然积因已久。“百万”句，极有气势，将解放军渡江之役一语概括。此联对比色彩浓烈，沉浮皆有不可逆转之势。

颔联，“虎踞”二句，有历史回顾，有今昔对比。“今胜昔”三字，为胜利者的历史判断。这两句，句与句对，且句中词与词对，是不可多得的佳句警语。

颈联，“宜将”二句，在借鉴了历史教训的基础上，发出诗化的战斗命令。“追穷寇”与古兵法相左，反映了毛泽东的个性，也反映了新时代的形势需求。霸王项羽“沽名”，不单表现于鸿门宴不杀刘邦——

兄弟部队，又立头功，杀之即失天下人心；主要的，还在于他携珍宝妇女东归，要“衣锦还乡”，不再“革命”！

尾联，“天若”二句，是对蒋政权的批判，是对即将建立的共和国政权的期许。李贺之“天若有情天亦老”，是对仙人承露盘被拆运的慨叹，此诗则是对蒋政权倒行逆施的谴责。“天亦老”，天怒也！天怒人怨，人神共责，岂可久长？“沧桑”二字，喻巨变，极贴切。占领了南京，即占领了一个政权的“首都”，“首都”一失，此政权即成群氓。而另一个新政权，正除旧布新，宣告开始。“沧桑”，主要应从权力更迭的角度理解之。

总之，全诗八句，前四句倾向于歌颂“占领南京”，后四句倾向于“占领南京”后的指引，可谓眉目清晰。评此诗，有人津津于用典之妙，此乃写诗初步。此诗成功处，在于气度恢宏。看“钟山风雨”、“百万雄师”、“虎踞龙盘”、“天翻地覆”，皆为大天、大地、大风雨、大场面，而尽收诗人眼底心中，非“第一等襟抱”、“第一等学识”，岂有此“第一等真诗”（借沈德潜语）！

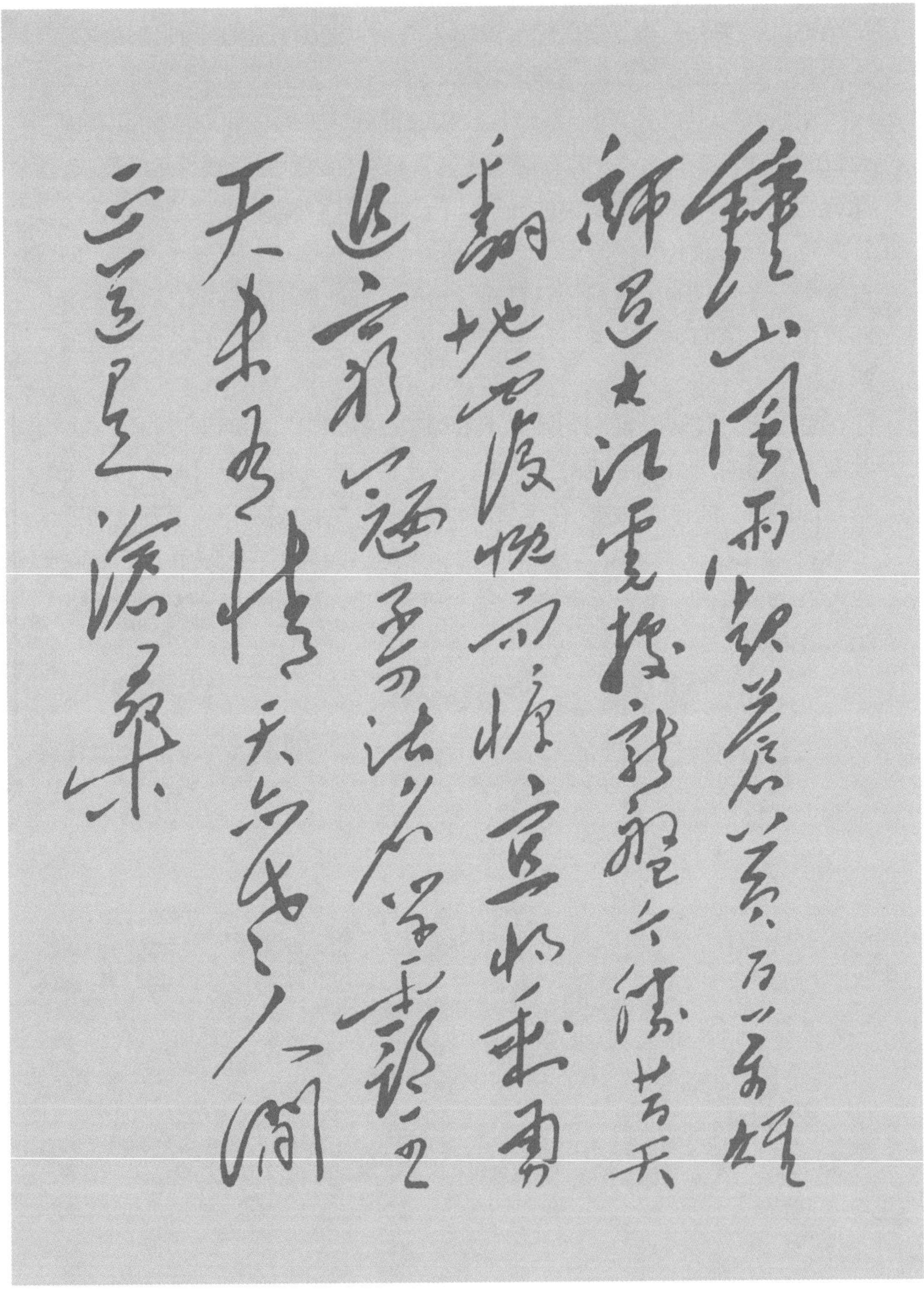
钟山风雨起苍黄百万雄
师过大江虎踞龙盘今胜昔天
翻地覆慨而慷宜将剩勇
追穷寇不可沽名学霸王
天若有情天亦老人间
正道是沧桑

七律·人民解放军占领南京（手迹之一）

七律·和柳亚子先生

（一九四九年四月二十九日）

饮茶粤海未能忘，索句渝州叶正黄。
三十一年还旧国，落花时节读华章。
牢骚太盛防肠断，风物长宜放眼量。
莫道昆明池水浅，观鱼胜过富春江。

【题解】

柳亚子（1887—1958）原名慰高，字安如，因崇拜法国启蒙思想家卢梭，故以亚洲卢梭自居，遂更名弃疾，字亚卢，后改亚子。江苏省吴江（今苏州）人。早年受康、梁影响，后倾向革命，于1906年参加同盟会，曾任孙中山总统府秘书。1909年为“南社”发起人之一。“五四”后，同情中国共产党人的革命，一度从事反蒋活动。1926年，毛、柳订交广州；1945年，毛、柳相会重庆；1949年，柳应毛泽东邀请赴京任事。当年3月28日，柳呈毛泽东七律一首，题为《感事呈毛主席》。诗曰：“开天辟地君真健，说项依刘我大难。夺席谈经非五鹿，无车弹铗怨冯驩。头颅早悔平生贱，肝胆宁忘一寸丹！安得南征驰捷报，分湖便是子陵滩。”诗中有怨艾气，一读即明。一月后，解放军已占南京，进逼上海，4月29日，毛泽东和柳诗，成此七律。劝慰之意殷殷，柳氏诵之，大喜，又有一诗呈赠毛泽东。

【注释】

[粤海] 粤，指广东。粤海指广州。20 世纪 40 年代，柳亚子寄毛泽东诗云："云天倘许同忧国，粤海难忘共品茶。"

[渝州] 指重庆。"索句"事，详见《沁园春 · 雪》题解。

[还旧国] 旧国，指国之都城。作者自注："三十一年：一九一九年离开北京，一九四九年还到北京。旧国，国之都城，不是 STATE，也不是 COUNTRY。"

[昆明池] 指北京颐和园内之昆明池。时柳亚子暂居其中。

[观鱼胜过富春江] 劝慰语。观鱼，暗用《庄子 · 秋水》濠上观鱼典，劝其安心自乐。富春江，在浙江桐庐富阳县境。后汉光武帝同窗严光（字子陵）曾拒仕隐于此。因柳诗有"分湖便是子陵滩"句，故此诗有"胜过"语。

【品评】

这首七律，是毛泽东诗词中最具雍容气象的作品。与朋友倾谈，娓娓道来，谆谆善诱，字里行间透出浓郁的关切。"风骚"雅韵，不再有浮骚之气，甚为难得。

柳氏"呈诗"，充满牢骚，尤其首、颔二联结句，直摆出撂挑子走人的架势。如果就事论事地解释，会越说越扭结。毛泽东不，他不劝柳氏别生气，而从青春时代的友情叙起。首联颔联四句，皆叙友情："饮茶粤海"，细事耳，但关乎友情发轫，岂能轻易"忘"怀？"索句渝州"，韵事耳，但关乎友情发展，岂能付诸黄叶？"旧国"重"还"，往事如烟，你我均非昔比，又岂能等闲而视？"落花"有意，"华章"再展，故不论呈诗受诗，尽已犀心相烛，又何疑而何怨？

友情愈久，相容愈宽，四句诗，"三十一年"，是毛、柳二人的友谊见证。终于，在人格上，二人平起平坐了。谈到这儿，柳亚子应该明白"知遇"之交（恩）的分量！

颈联二句，在主题上紧扣"和"字。你"呈诗"有"牢骚"，我"和诗"亦不能绕过"牢骚"劝慰，二句直言直说，非知己不能如此爽快。两句诗的层次感很强："牢骚"句，是劝止，从防范入笔；"风物"句，是引导，从长处计议。尤其"风物长宜放眼量"一句，是带有真理性的人生之悟，可以勉人终生。

尾联二句，是针对柳氏要归隐“分湖”（在其家乡苏州郊区）而发。不说归隐不好，而说此处更胜彼处，达到了挽留目的。

柳“呈诗”，一肚皮“牢骚”；毛“和诗”，胸怀体谅。一“呈”一“和”之间，误会消除了，友情增强了，所谓诗教，也是双方的呢！

从“诗艺”的美学层面上分析，《和柳亚子》一诗以它的“人情美”取胜。友情，是中国诗歌的长命主题。此诗拓展了这一主题，并因主、客双方政治地位的悬殊而强化了这一主题。另外，作为朋友互赠之作，这首诗取事也亲，取景也美，造成了一种双方共有的意境之融。当然，这首诗的“谈话风格”是由“和诗”的使命决定的。“和”者，应和也。应和就是交流，就是心的交流。这和诗，是毛泽东的心声。

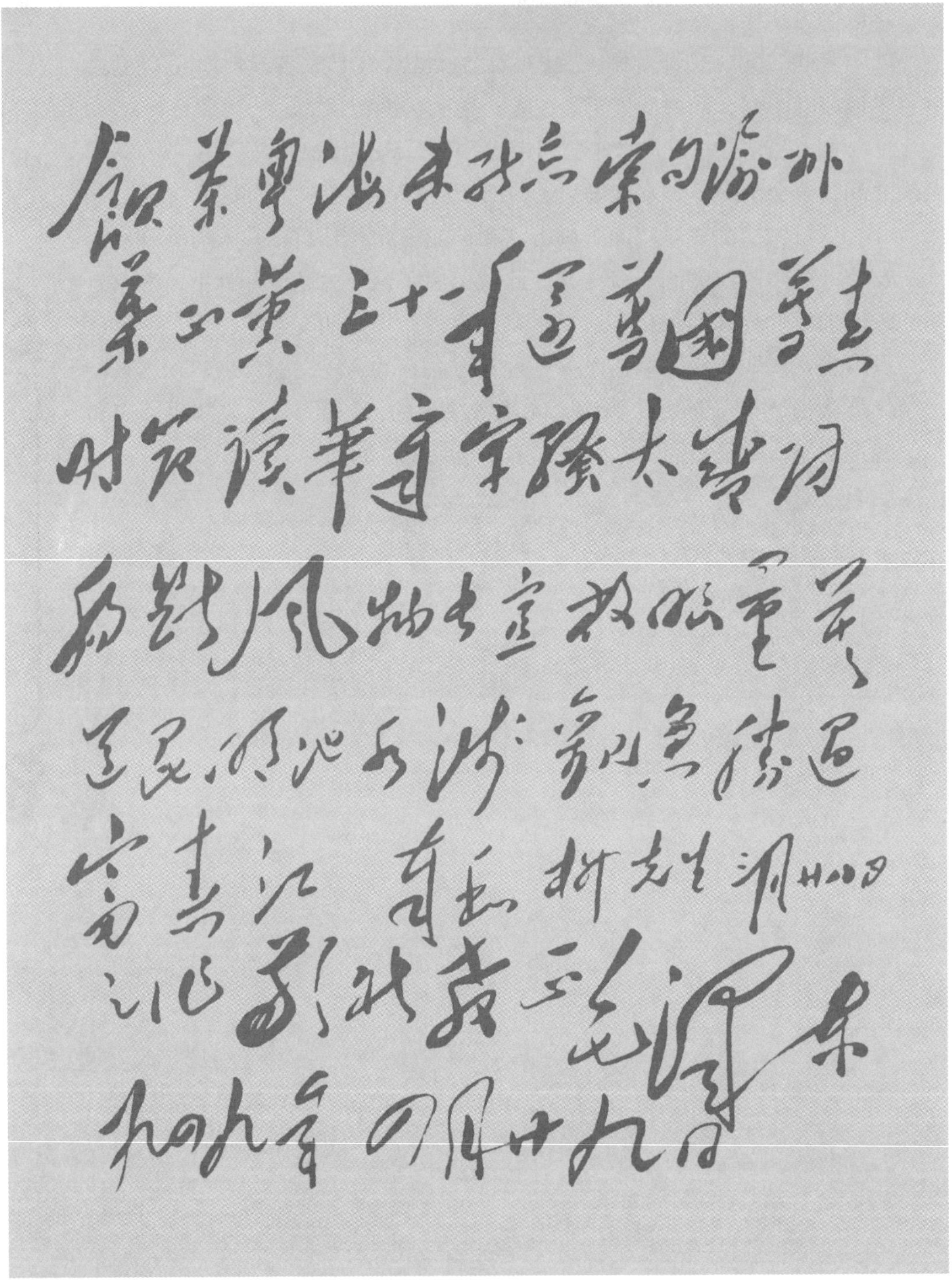
饮茶粤海未能忘，索句渝州叶正黄。三十一年还旧国，落花时节读华章。牢骚太盛防肠断，风物长宜放眼量。莫道昆明池水浅，观鱼胜过富春江。
毛泽东
一九四九年四月廿九日

七律 · 和柳亚子先生（手迹之一）

在开国的日子里，毛泽东内心充盈着胜利的豪迈和对美好未来的憧憬。

浣溪沙·和柳亚子先生

（一九五〇年十月）

一九五〇年国庆观剧，柳亚子先生即席赋浣溪沙，因步其韵奉和。

长夜难明赤县天，百年魔怪舞翩跹，人民五亿不团圆。　　一唱雄鸡天下白，万方乐奏有于阗，诗人兴会更无前。

【题解】

“浣溪沙”，本为唐代教坊中的曲子，后形成词牌，又名“浣沙溪”、“小庭花”、“满院春”、“玩丹砂”、“广寒枝”等。双调，42字。前段三句，三平韵。后段三句，两平韵。柳亚子《浣溪沙》前小序云：“十月三日之夕，于怀仁堂观西南各民族文工团、新疆文工团、吉林省延边文工团、内蒙文工团联合演出歌舞晚会，毛主席命填是阕，用纪大团结之盛况云尔！”所谓“命填”，是这样的：柳入座，坐于毛泽东前排。二人互致问候后，毛泽东高兴地说：“这样的盛况，亚子先生为什么不填词以志盛？我来和。”柳亚子闻言，当场填《浣溪沙》一首以呈。词曰：“火树银花不夜天，弟兄姊妹舞翩跹。歌声唱彻月儿圆。　　不是一人能领导，哪容百族共骈阗？良宵盛会喜空前！”次日，毛泽东在宣纸上手书一词“奉和”，这便是“长夜难明”一词。

【注释】

[步其韵奉和] 依照别人原诗、原词之韵脚、格律作诗词相和而献之。

[赤县] 指中国。战国邹衍有内九州、外九州之说，称中国为“赤县神州”。见《史记·孟子荀卿列传》。

[一唱雄鸡天下白] 从李贺《致酒行》“雄鸡一声天下白”改易化用。为协平仄，改为“一唱雄鸡”。

[于阗] 古西域国名。今为新疆县名。1959 年改为“于田”。

【品评】

和诗、和词之难，在于必须“应和”别人。步别人之韵不越雷池，和别人之情不背常理，希金声而玉振，戒南辕而北辙。柳亚子为诗词里手，与其相“和”，更增其难。今将“呈词”与“和词”对照而观之，柳亚子的书生意气与毛泽东的领袖气度还是各依其艺术个性得以充分张扬。

柳氏“呈词”，是一首十分有现场感的作品，它紧紧扣住晚会“盛况”铺陈词彩，就中一句，赞扬毛泽东的领导之功。毛泽东“和词”，则完全跳出那场晚会，落笔便是“长夜难明赤县天”，将全中国收入视野；二、三两句，不单将“魔怪”与“人民”对举，显示批判意义，而且回溯“百年”。两词上阕三句相比，境界自有小与大、暂与久、和乐与苦难的区别。毛泽东的忧患，在国家，在人民。

下阕，诗人化用李贺成句，以“一唱雄鸡天下白”表现中国革命胜利。在时间的纵向延伸上，与上阕的“长夜”形成照应；在空间的横向拓展上，“天下”又与“赤县”构成联系。此句一出，上阕“夜”的黑色基调立即化为辉煌。李贺诗句，毛泽东仅调换了一下词序，改动一字，突出了“一唱”的声音主体，比“雄鸡”的主体更为超然、轻快。李贺原诗，是写醉态的，故日出而“我有迷魂招不得”。毛泽东则十分清醒，他盼着鸡鸣天晓，他所领导的革命就起着迎接光明的任务，所以他对于胜利后中国的巨变，有更为准确的描述：“万方乐奏有于阗，诗人兴会更无前。”用“万方乐奏”表示太平盛世，极准、极雅、极真实。这便是老百姓所谓“唱着过”。“诗人兴会”与上阕“人民不团圆”又是照应着的，“诗人”，指柳亚子，也指自己。

因为是“和”词,毛泽东尽管视野开阔、忧患深远,仍然未忘“晚会”的“盛况”与柳亚子“即席”填词的善意，所以这首词的结句，仍取回归本事的姿态,写到“于阗”之“乐”,和柳亚子之“词”。此乃思虑周全，以待人以礼。

全词六句，仅42字，即包容了百年历程、新旧之变。词的容量，来自心的容量，无疑也。当柳亚子为晚会那即现即逝的热闹陶醉填词时，毛泽东却抚今追昔，抒发了自己的“世纪悲欢”——这个“诗人兴会”，如此因人而异。

用数字强化对比，为这首词特征。另，和词赞柳亚子为好“诗人”，投桃报李,互致善意,使两阕词保持了艺术构思的映照与统一,不可忽略。

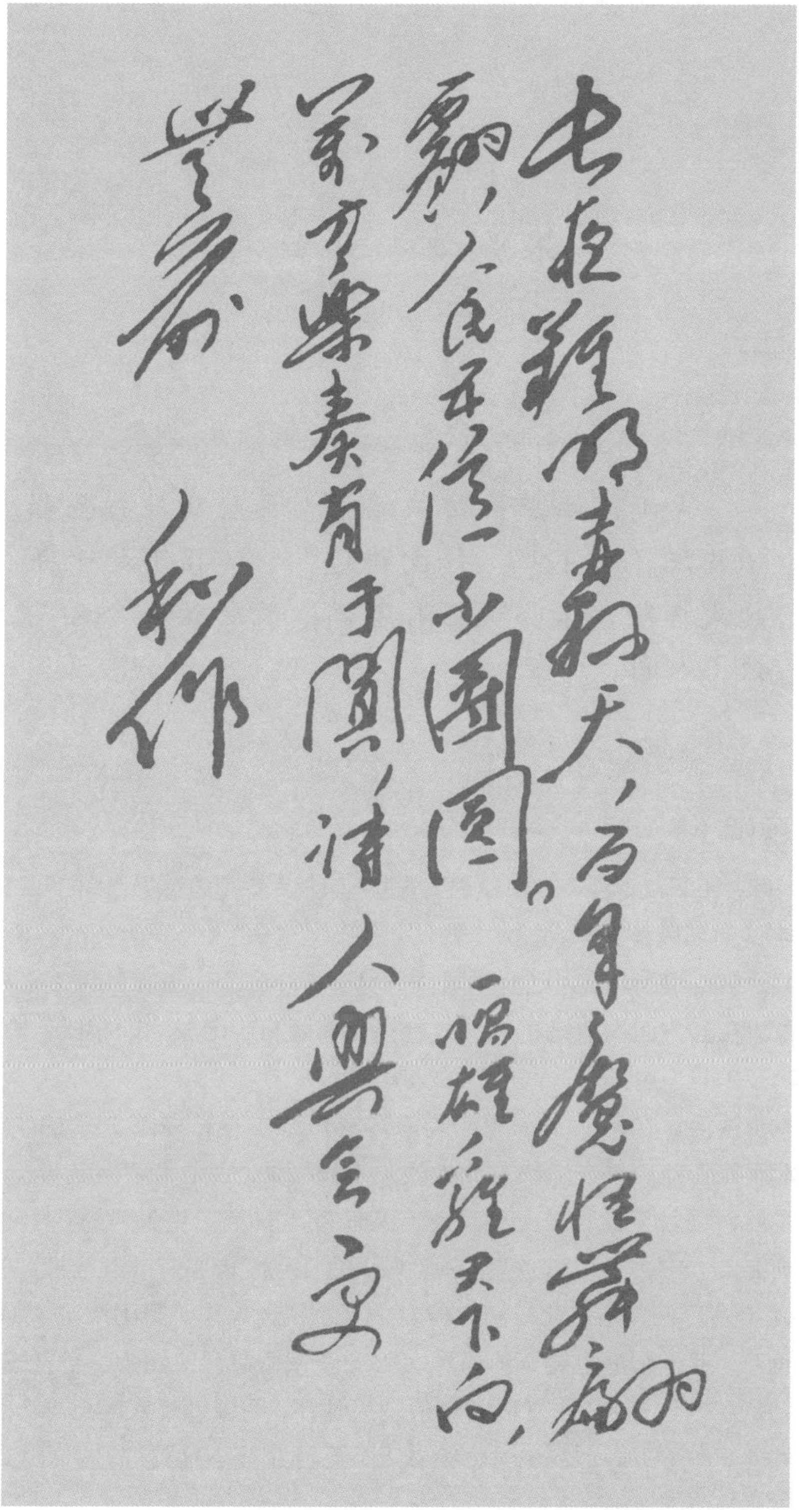

浣溪沙 · 和柳亚子先生（手迹之一）

浪淘沙·北戴河

（一九五四年夏）

大雨落幽燕，白浪滔天，秦皇岛外打鱼船。一片汪洋都不见，知向谁边？　　往事越千年，魏武挥鞭，东临碣石有遗篇。萧瑟秋风今又是，换了人间。

【题解】

“浪淘沙”又名“浪淘沙令”、“曲入冥”、“卖花声”、“过龙门”。双调，54字。前后段各五句，四平韵。

1954年夏，中华人民共和国成立已近五年。经过五年的恢复与建设，共和国在各方面均取得了巨大成就。尤其同新中国成立前相比，真可谓“换了人间”。这是这首词创作的大背景。

北戴河，在河北省东北部渤海边港口城市秦皇岛西15公里处，为夏季休养胜地。早在汉代，此处便是舟楫聚泊之所。汉武帝东巡，唐太宗东征，均曾至此。公元207年（汉献帝建安十二年），曹操对乌桓作战凯旋，也曾经过这里，并写下《步出夏门行》，内中有《观沧海》一章。1954年夏，毛泽东在北戴河休养。一天，狂风大作，骤雨滂沱，海面巨浪涌天。毛泽东提出要下海游泳。卫士李银桥以风浪太大、危及安全为由，竭力劝阻。毛泽东却以为风浪越大越好，可以锻炼人的意志。于是，他坚持下海游了一个多小时。第二天，毛泽东写下这首词。

【注释】

[幽燕] 古代中国分十二州,传舜分冀州东北为幽州。地属燕国,《尔雅 · 释地》:“燕曰幽州。”周称幽燕, 即今河北、辽宁一带。

[秦皇岛] 即今河北秦皇岛市。位于山海关西南。世传秦始皇东巡求仙, 曾驻跸此地, 故名。

[魏武] 指曹操。汉末, 曹操被封魏王。其子曹丕受汉禅建魏称帝, 追谥曹操为“太祖武皇帝”, 世称“魏武帝”。

[碣石有遗篇] 碣石,山名,在秦皇岛西。遗篇指曹操《步出夏门行·观沧海》。中有“东临碣石, 以观沧海”句。

[萧瑟秋风] 语本曹操《观沧海》诗句“秋风萧瑟, 洪波涌起”。

【品评】

这是毛泽东唯一一首咏叹大海的诗歌。登山, 则情满于山 ; 观海, 则意溢于海, 故这首词以志意的豪放壮阔称著。

上阕,主要描写北戴河景色以及对景中人的关注。“大雨”三句,写景。写雨景、浪景、山景、海景。起势如风雨,面广量大。“大雨”,状雨势;“幽燕”, 状范围 ;“滔天”, 状“白浪”。所写之景皆大。尤其在“幽燕”大背景下写“雨”, 是超乎目力的畅想。“打鱼船”句, 其实是倒装的, 为雨前所见。置于滔天白浪之后, 是因境生情, 骤生关切, 有半叙而半问之语态。如此, 才好理解“一片汪洋都不见, 知向谁边”这一问, 问出了对人的关怀 ; 如果不拘于“打鱼船”, 这一问在形而上的意味上又可以指向大海、向高天、向宇宙的发问。

果然, 诗人的疑问有了方向, 思念也有了方向;下阕起句, 思接千载, 一下想到曹操 :“往事越千年, 魏武挥鞭, 东临碣石有遗篇。”三句, 皆写一人, 可见毛泽东对曹操的兴趣。对比《沁园春 · 雪》中一句点及二帝, 轻重已判。“挥鞭”, 谓驰骋纵横, 武功也, 与此处山海有关的即北征乌桓。“遗篇”, 谓“沧海”吟诗, 文治也。诗中所咏之山、之海仍在目前。毛泽东念及曹操, 原来也是睹景思人! 他曾经过, 我今又来 ; 他曾有诗, 我今有词, 看来, 毛泽东确有与魏武一较文治武功的念头! 词的结句,“今又是”、“换了人间”大可玩味。“今又是”者“萧瑟秋风”也。

这“萧瑟秋风”，并非实指，夏天何来“秋风”？它仅指面对高山大海，人不能不萌生的一份悠悠情怀。此之谓：情怀依旧，江山已非。“换了人间”，是历史事实；不同代的人，拥有不同的“人间”。同时，这句话也是歌颂，即歌颂“今非昔比”。

“景”雄浑而“意”幽邃，是这首词的风格。换言之，或曰“情景交融”。“情”涉“思古”，多近忧哀；而毛泽东即便“思古”，也多不泥古，不颂古，且在融通古今后，肯定今天。这是最不易做到的。

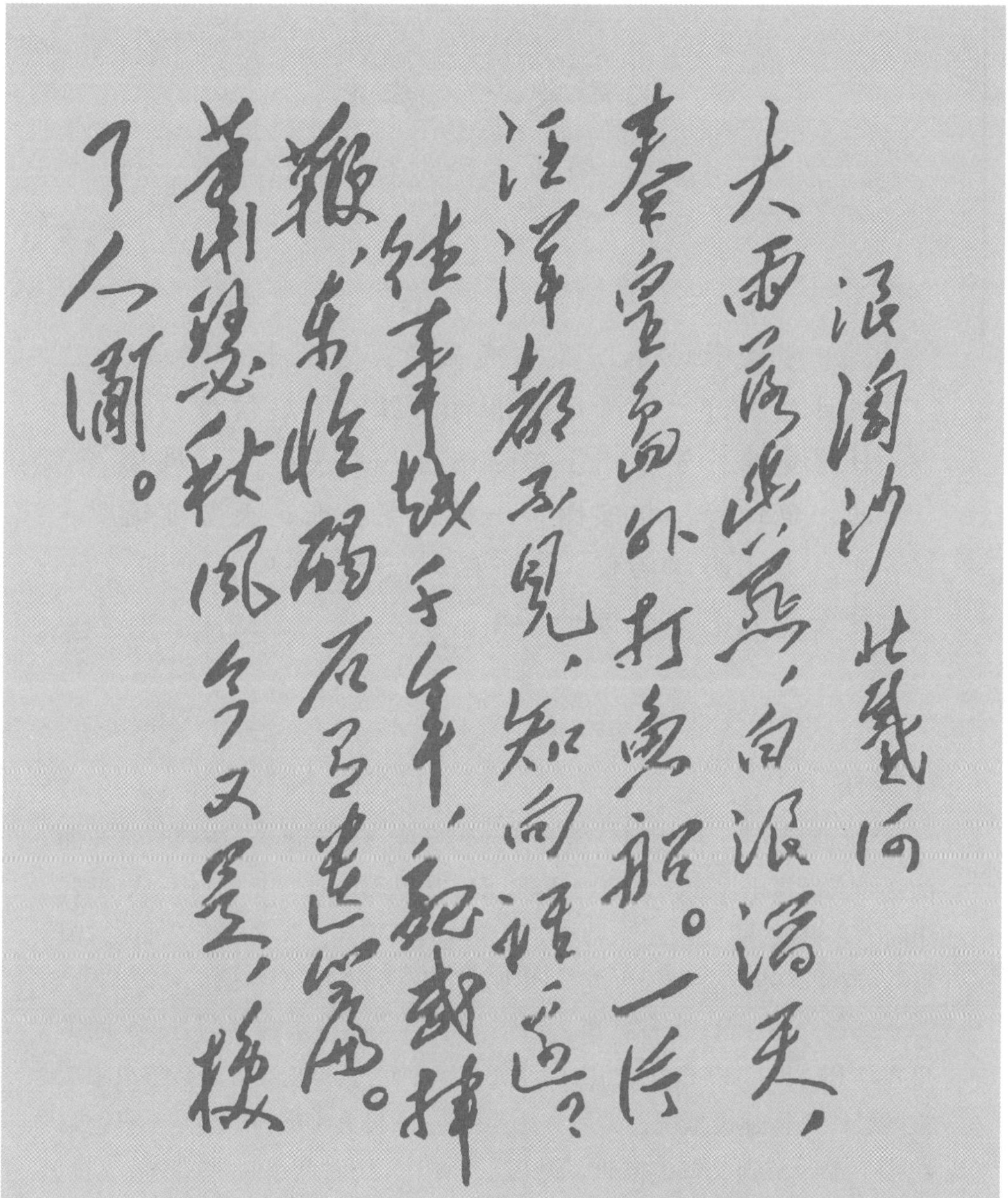
浪淘沙　北戴河

大雨落幽燕，白浪滔天，秦皇岛外打鱼船。一片汪洋都不见，知向谁边？

往事越千年，魏武挥鞭，东临碣石有遗篇。萧瑟秋风今又是，换了人间。

浪淘沙·北戴河（手迹之一）

水调歌头·游泳

（一九五六年六月）

才饮长沙水，又食武昌鱼。万里长江横渡，极目楚天舒。不管风吹浪打，胜似闲庭信步，今日得宽馀。子在川上曰：逝者如斯夫！　风樯动，龟蛇静，起宏图。一桥飞架南北，天堑变通途。更立西江石壁，截断巫山云雨，高峡出平湖。神女应无恙，当惊世界殊。

【题解】

“水调歌头”，相传隋炀帝开汴河时曾制《水调歌》，唐朝时将此曲演变为宫廷舞乐大曲。大曲之开篇，谓“歌头”，相当“序曲”，后成词牌。唐时“水调歌头”皆五、七言诗，至宋改为长短句。又名“元会曲”、“凯歌”。双调，95字。前段九句，四平韵；后段十句，四平韵。

词题“游泳”，实有其事。1956年5月，毛泽东视察南方。5月29日在广州，5月30日在长沙，5月31日在武汉。在武汉，毛泽东乘船视察长江大桥建设情况。6月1日、3日、4日分别畅游长江。1日，从蛇山下水，游到汉口谌家矶，游程13公里，历时两小时零四分；3日，从汉阳鹦鹉洲下水，游过龟山江面，到达武昌八大家附近，游程14公里，历时两小时；4日，从汉阳下水，游到武昌。这首“游泳”词，即记游泳所见所思。

词中写到的“一桥飞架南北”，指武汉长江大桥。此桥1954年1月批准兴建，1955 年 9 月开工。词中之“更立西江石壁”，则指当时拟议中的长江三峡水库。

【注释】

[“才饮”句] 三国吴孙皓自建业（今江苏南京）迁都武昌，有童谣曰：“宁饮建业水，不食武昌鱼；宁还建业死，不止武昌居。”见《三国志·吴书·陆凯传》。化用之，改为“长沙水”、“武昌鱼”。作者自注：“民谣：常德德山山有德，长沙沙水水无沙。所谓长沙水，地在长沙城东，有一个有名的‘白沙井’。”武昌鱼，指鄂城樊口的鳊鱼，欲称团头鳊或团头鲂。

[楚天] 湖北武汉一带战国属楚，因称“楚天”。作者致黄炎培信云：“游长江二小时漂三十多里才达彼岸，可见水流之急。都是仰游侧游，故用‘极目楚天舒’为宜。”

[“子在”句] 化用《论语·子罕》语：“子在川上曰：‘逝者如斯夫！不舍昼夜。’”指时间飞逝。

[风樯] 指帆船。樯，桅杆。

[龟蛇] 汉阳龟山、武昌蛇山。二山隔江对峙。

[巫山云雨] 典出宋玉《高唐赋》，写楚王梦巫山神女事。此实指截断江流。

[神女] 巫山神女。后人附会为“妙用真人”，为其立“凝真观”。陆游《入蜀记》：“二十三日，过巫山凝真观，谒妙用真人祠。真人，即世所谓巫山神女也。”

【品评】

毛泽东喜游泳。1925 年所作《沁园春·长沙》一词中有“到中流击水”句。而同时期游泳诗有残句谓：“自信人生二百年，会当水击三千里。”气魄之大可知。

这首词将游泳视为休闲，因为休闲从容，故所见也多，所思也多。上阕，“才饮长沙水”二句，化用古俗谚，点出自己行踪。有从远及近、从容道来之仪态。饮“水”而食“鱼”，均为生活常事，以此代表视察活动，让人感到亲切。“万里”以下五句，均写游泳，入题迅捷，着墨飘逸，描摹了游泳的轻松、愉快。

题解：部分已经交代，毛泽东 1956 年 6 月初三次畅游长江，皆为“横渡”，只是头两次漂流得远一些。江是“万里”，天是“楚天”，天空与水域都是辽阔的。这是一幅气势宏大的画面。因为多用仰泳，所以时时可见头上青天；“楚天”舒展无际，亦如诗人心境。“不管”三句，是写游泳感受的。这是毛泽东独特的感受。长江流急，无风有浪，夏日汛至，其险更甚。毛泽东在江流中击水两个多小时，仍然有“闲庭信步”之感，一个 63 岁的老人，诚为少见！上阕结句，诗人妙引孔夫子慨叹时间的话，如同己出。水逝，时逝，皆无回程，重要的，是要抓住当下一刻。

这一刻，诗人正击水长江。长江里，正是一派忙碌景象。下阕，即从这一刻的长江景物写起，仍然是游泳着的诗人眼中之景。“风樯动，龟蛇静”，是一动一静，相映成趣的画面。在静静峙立的龟、蛇二山间，一座钢铁大桥的身姿，渐渐拔出江面。“起宏图”，即指大桥。“一桥飞架”六句，皆诗人想象语。六句展示三个画面：一是大桥建成，南北贯穿图；二是大坝建成，高峡平湖图；三是祥云缭绕，神女下凡图。六句一出，全篇的三个世界随即显现，此所谓现实世界、理想世界、神话世界也。当然，这也是领袖人物对中国的昨天、今天与明天所作的通盘设计。

品评这首词，我不想在诗人的遣词炼句上多加褒扬，全篇的动词动用，本可写一大段礼赞。在这儿，我仅想提醒数语：“诗人”写“诗”，“诗”就是“诗”，且仅仅是“诗”；一个革命者、领袖人物写“诗”，这“诗”不单是“诗”，还是路灯，是号角，是蓝图，是在明天可以变成物质存在的精神产品！一晃 50 多年过去，这首《游泳》词里的诗人遐想即将全部变成现实。诗，有时可作历史见证！

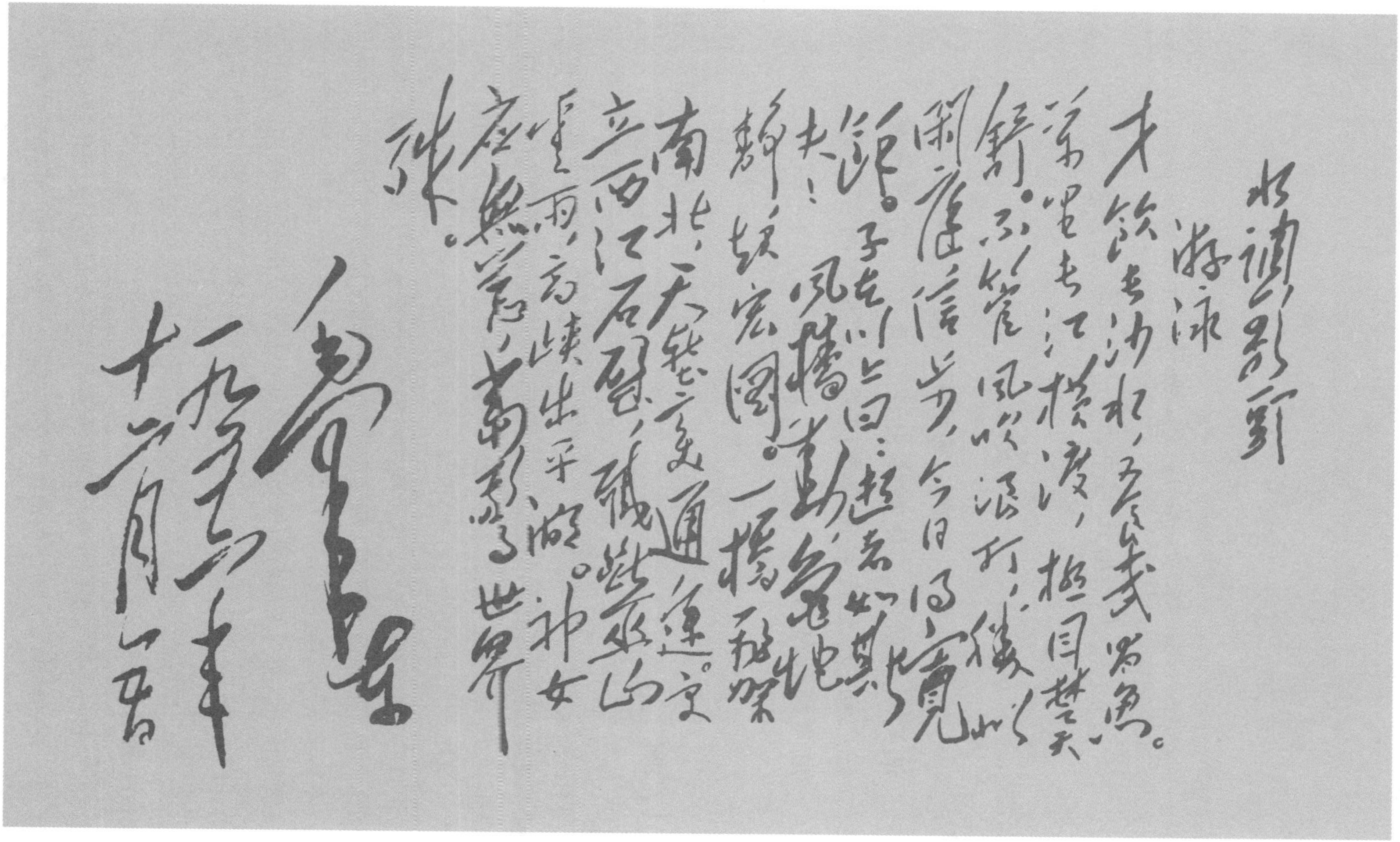

水调歌头 · 游泳（手迹之一）

蝶恋花·答李淑一

（一九五七年五月十一日）

我失骄杨君失柳，杨柳轻飏直上重霄九。问讯吴刚何所有，吴刚捧出桂花酒。　寂寞嫦娥舒广袖，万里长空且为忠魂舞。忽报人间曾伏虎，泪飞顿作倾盆雨。

【题解】

词题为“答李淑一”。李淑一女士，乃毛泽东妻杨开慧同窗好友，湖南长沙人，1901年生。她的丈夫柳直荀，亦长沙人，共产党员，曾任中共鄂西北特委书记，1932年因反对鄂西中央分局主要负责人所执行的王明“左”倾路线而惨遭杀害。25年后的1957年2月7日。李淑一写信给毛泽东，并附上她1933年因怀念丈夫而写的一阕《菩萨蛮·惊梦》。词曰：“兰闺索寞翻身早，夜来触动离愁了。底事太难堪？惊侬晓梦残。征人何处觅？六载无消息。醒忆别伊时，满衫清泪滋。”5月11日，毛泽东给李淑一回信，曰：“大作读毕，感慨系之。开慧所述那一首不好，不要写了罢。有《游仙》一首为赠。这种游仙，作者自己不在内，别于古之游仙诗。但词里有之，如咏七夕之类。”《游仙》即《蝶恋花》一词。

【注释】

［骄杨］毛泽东妻杨开慧。1901年生，1930年牺牲。又名霞姑，字云锦，湖南长沙人，1920年冬与毛泽东结婚，1922年加入中国共产党，

因叛徒出卖被湖南军阀何键杀害于长沙浏阳门外识字岭。

[柳] 柳直荀(1898—1932)。湖南长沙人，毛泽东战友，1923 年入党，曾任中共湖南省委委员、省农民协会秘书长；1927 年参加南昌起义。曾任红六军政委；1931 年 6 月任中共鄂西北分局特委书记；1932 年 9 月在洪湖根据地被王明路线执行者杀害。

[吴刚] 传说中月亮里的仙人。据唐段成式《酉阳杂俎》载，吴刚，西河人，学仙有过，罚斫月中桂。又称吴质，李贺《李凭箜篌引》："吴质不眠倚桂树，露脚斜飞湿寒兔。"

[嫦娥] 神话中月亮里的仙女。原为羿之妻，偷服羿从西王母处所求不死之药，飞入月宫。见《淮南子·览冥训》。

[伏虎] 制服猛虎。原指以佛法伏虎，释慧皎《高僧传》载伏虎禅师事。词中指战胜国民党统治者。"虎"与前后句"舞"、"雨"同韵，但与上段韵脚不同部，作者自注："上下两韵，不可改，只得仍之。"

【品评】

这首词的创作，记载一段词坛佳话。这是友情、亲情、革命情相交融的人生响应。李淑一去信，索要的是毛泽东旧作《虞美人·枕上》。而毛泽东被李淑一缠绵悱恻之词引动，遂有新词相赠。杨与李，为同窗；毛与柳，为战友；李柳姻缘，杨牵其线；毛失妻，李失夫；人生不幸，何其相似？《蝶恋花》一词，乃双忆双慰，自慰慰人之作也。

上阕，从双双之"失"入笔。"我失骄杨君失柳"，我与君对举，杨与柳对举，以平行平等关系，寓相近相同之命运。"失"字两出，开篇即营造追怀、追悼之氛围。"骄杨"一词，情切意长。章士钊《杨怀中传》(即杨昌济。杨开慧父)记曰："越二十余岁，毛公填词有'我失骄杨君失柳'句，吾乃请益毛公，何谓骄？公曰：女子革命而丧其元(头)，焉得不骄？""杨柳轻飏"，妙词不偶得，一语双关，既指树，又指人。杨花柳絮，随风上飏，非指酒食，乃何人、何物义。吴刚"捧"酒，表亲敬也。地上献花，天宫敬酒，绵绵追念，永远相照！

下阕直写"寂寞嫦娥舒广袖，万里长空且为忠魂舞"。省去诸多过渡语。"寂寞"，为嫦娥生活常态，英灵来归，打破此千秋"寂寞"，才有"舒袖"之舞。其实，为"舒心"之舞更切。写到这儿，诗人终于为亲人在天上安置了一个最清静、最和乐、最有人间情趣的归宿。此乃神话的文学虚拟，与迷信无涉。“忽报”句，突然而起，突然而终，人间伏虎，天上飞泪，此处之哭，当为乐极而泣！

词中有一处空白，即“忽报”二字主体不明。谁跑到月宫去“忽报”的呢？唯一说得顺的，是人间巨变，惊天动地，被月宫中的久居者、暂留者听到看到了，才有“忽报”之举。一句词将天、地之间的距离拉近了，亦将杨、柳英灵与胜利的亲人、巨变的祖国拉近了。

想象，支撑诗歌的华彩。这首词的艺术想象，发于亲情忆念、凭于神话古典，而飞向美感的极致。

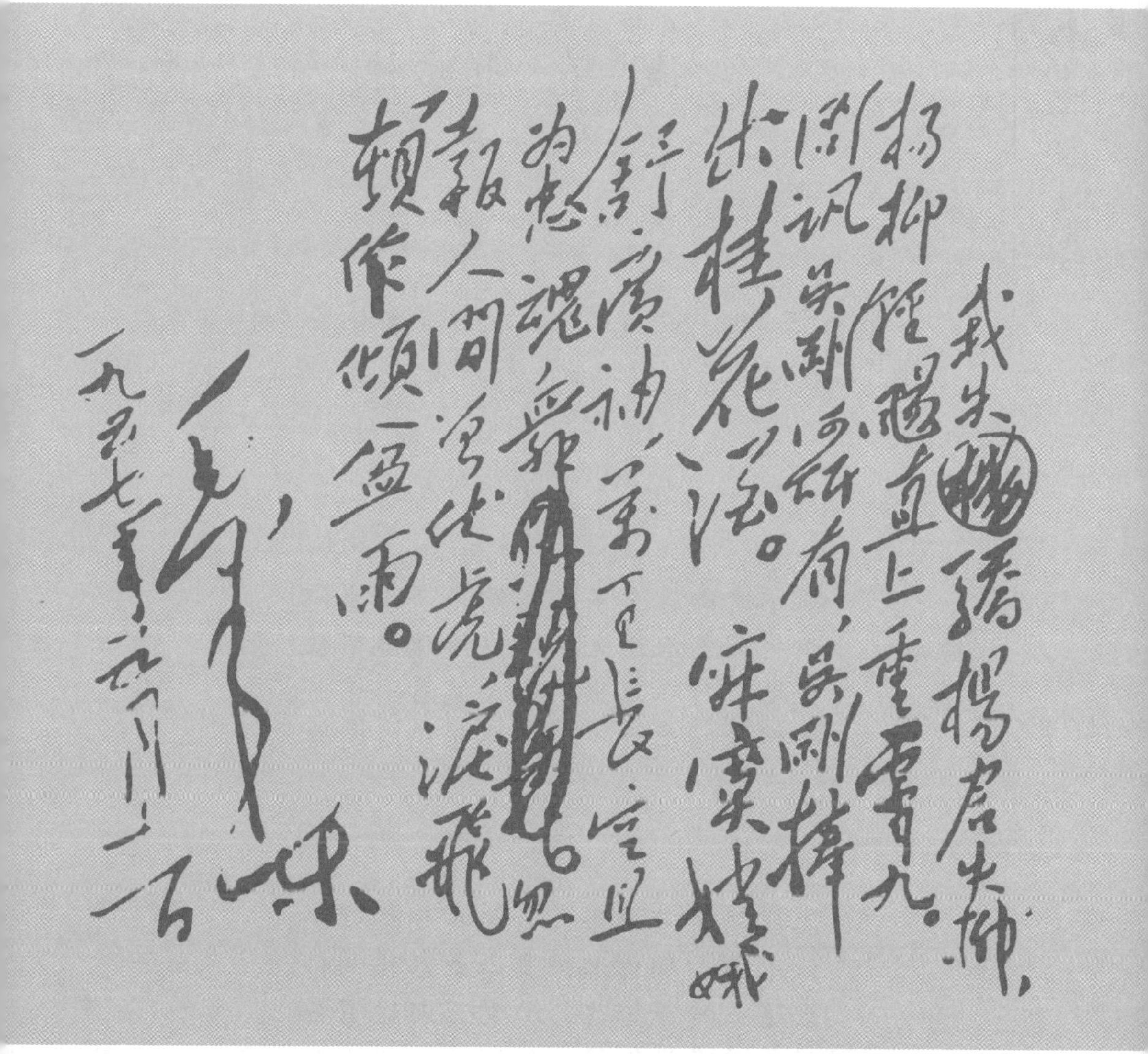

我失骄杨君失柳，杨柳轻飏直上重霄九。问讯吴刚何所有，吴刚捧出桂花酒。寂寞嫦娥舒广袖，万里长空且为忠魂舞。忽报人间曾伏虎，泪飞顿作倾盆雨。

毛泽东

一九五七年五月十一日

蝶恋花·答李淑一（手迹之一）

七律二首·送瘟神

（一九五八年七月一日）

读六月三十日人民日报，余江县消灭了血吸虫。浮想联翩，夜不能寐。微风拂煦，旭日临窗。遥望南天，欣然命笔。

其一

绿水青山枉自多，华佗无奈小虫何！
千村薜苈人遗矢，万户萧疏鬼唱歌。
坐地日行八万里，巡天遥看一千河。
牛郎欲问瘟神事，一样悲欢逐逝波。

其二

春风杨柳万千条，六亿神州尽舜尧。
红雨随心翻作浪，青山着意化为桥。
天连五岭银锄落，地动三河铁臂摇。
借问瘟君欲何往，纸船明烛照天烧。

【题解】

血吸虫病是一种流行于中国南方的传染病。据统计，共和国成立前，此病蔓延于中国南方12个省、市的350多个县，患病者达千万人。1954年，中共中央成立“血防”九人小组，专门领导消灭血吸虫的工作。1955年，毛泽东亲自视察血吸虫疫区，目睹百姓痛苦，他向各级党政部门及医疗单位发出“一定要消灭血吸虫病”的号召。1956 年 2 月 27 日，毛泽东又在最高国务会议上强调“全党动员，全民动员，消灭血吸虫病”。血吸虫病严重的余江县，结合水利建设，苦战两个冬春，修建了 1200 多处水利工程，在灭螺治虫上取得胜利。1958 年 6 月 30 日，《人民日报》发表题为《第一面红旗——记江西余江县根本消灭血吸虫病的经过》的报道。次日，正好是中国共产党建党 37 周年纪念日，毛泽东心系南天，夜不能寐，迎着晨曦，写下此章。

【注释】

[瘟神] 旧指传播瘟疫之神。此指血吸虫病。

[余江] 旧安仁县，民国时改今名，江西属县，在馀水之北。

[华佗] 又名旉，字元化，汉末沛国谯人。指代名医。

[薜荔] 又名木莲，蔓茎缘木而生，果球形。又作梵语“饿鬼”之译音。见唐释慧琳《一切经音义》。此词双关，一说田园荒芜，一说饿殍遍地。

[遗矢] 拉屎。矢同屎。赵将廉颇年老，有人谤其“一饭三遗矢”。见《史记·廉颇蔺相如列传》。

[坐地] 地指地球。人在地球，随其自转，日行八万里；随着公转，遥看一千河。皆约数。

[牛郎] 神话中人物。牛郎星又称牵牛星，隔银河与织女星相对，于是被人附会成夫妻分离故事。

[舜尧] 指虞舜、唐尧。

[红雨] 一指春雨，一指春花。唐孟郊诗：“红雨花上滴，绿烟柳际垂。”唐李贺诗：“桃花乱落如红雨。”

[五岭] 指大庾、骑田、都庞、萌渚、越城诸山。

[三河] 指河东、河内、河南之地，一指黄河、淮河、洛河之域。此处泛指北方之地。

【品评】

二诗一体，称“姊妹篇”可也。这是毛泽东诗词中唯一的连体七律。诗前有小序，仅43字，表明心境，言简意赅，隽永有味，为欣赏诗歌预为造势。

诗题在拟“送瘟神”，出手不凡，大气凌“神”。

瘟神，为中国恶神。人皆畏之、敬之、远之。毛泽东不畏、不敬、不祭、不拜、不留，反要驱而赶之，逐而送之，非大气魄、大勇力不可。标题出，气度见，非同一般也。

据元代无名氏《三教源流搜神大全》卷载，中国瘟神，竟有五位之多。“在天为五鬼，在地为五瘟”，这便是“春瘟张元伯、夏瘟刘元达、秋瘟赵公明、冬瘟钟士贵、总管中瘟史文业。”此一说法，仅备参酌。毛泽东要“送”的“瘟神”，可能是一锅端！

第一首诗，为“过去时”，为历史画卷，为瘟神时代之写照。诗人将一个古老的悲剧故事（牛郎织女分离）插入瘟神制造的平民悲剧里，有对比意味，有强调意味。首联“绿水青山”二句，从环境入笔，暗示人的命运。引出华佗，拉长时间，以华佗无奈，极言血吸虫病（瘟神）为害之广、之甚。前句示形，后句拟声，用典自然，混化如一。颈尾二联联系较密。“坐地”、“巡天”句，为一创造性意境，超迈一切前代诗人；这是诗人借“空间”拓展，稀释心中的压抑。在一个时、空双向放大的场里，苦难的唯一自由，是放飞一线希望的探究。而这探究，也只能由暂作“圈外人”的牛郎提出。

第二首诗，是“现代时”的，是现实画卷，是送走了瘟神的人民时代的写照。“春风杨柳”句，以杨柳迎春为起兴，点染“人”的变化。毛泽东的可贵，是不以送瘟神的救世主自居。他认为，人皆可以为尧舜。“尽”字，是最充分的人民肯定。以下“红雨”、“青山”、“天连”、“地动”四句，一气呵成，不可断解，将思想（“心”、“意”）解放与建设实践（“银锄”、“铁臂”）视为一体。这四句，都是围绕人民情绪、功业展开的，因而诗行主旋律自然交响为“人民颂歌”。尾联“借问瘟君欲何往，纸船明烛照天烧”二句，从结构上看为“点题”之笔，从诗情上看又是千呼万唤终于迸发的历史叩问和历史回答。

前诗，牛郎一“问”；后诗之“借问”，我倾向于诗人主体不但参与了“问”，而且参与了“烧”，这样，“送瘟神”的全过程，诗人都与人民同在。

想象，再一次张开双翼。在把握了“现实”的尺度（如地球周长八万里、五岭、三河、六亿人等）后，诗人总能放飞他“浪漫”的理想（坐地、巡天、遇牛郎等）。欣赏者，有时会自叹木讷。毛泽东就是毛泽东，他敢于嬉笑怒骂，对瘟神，也敢大不敬，你行吗？

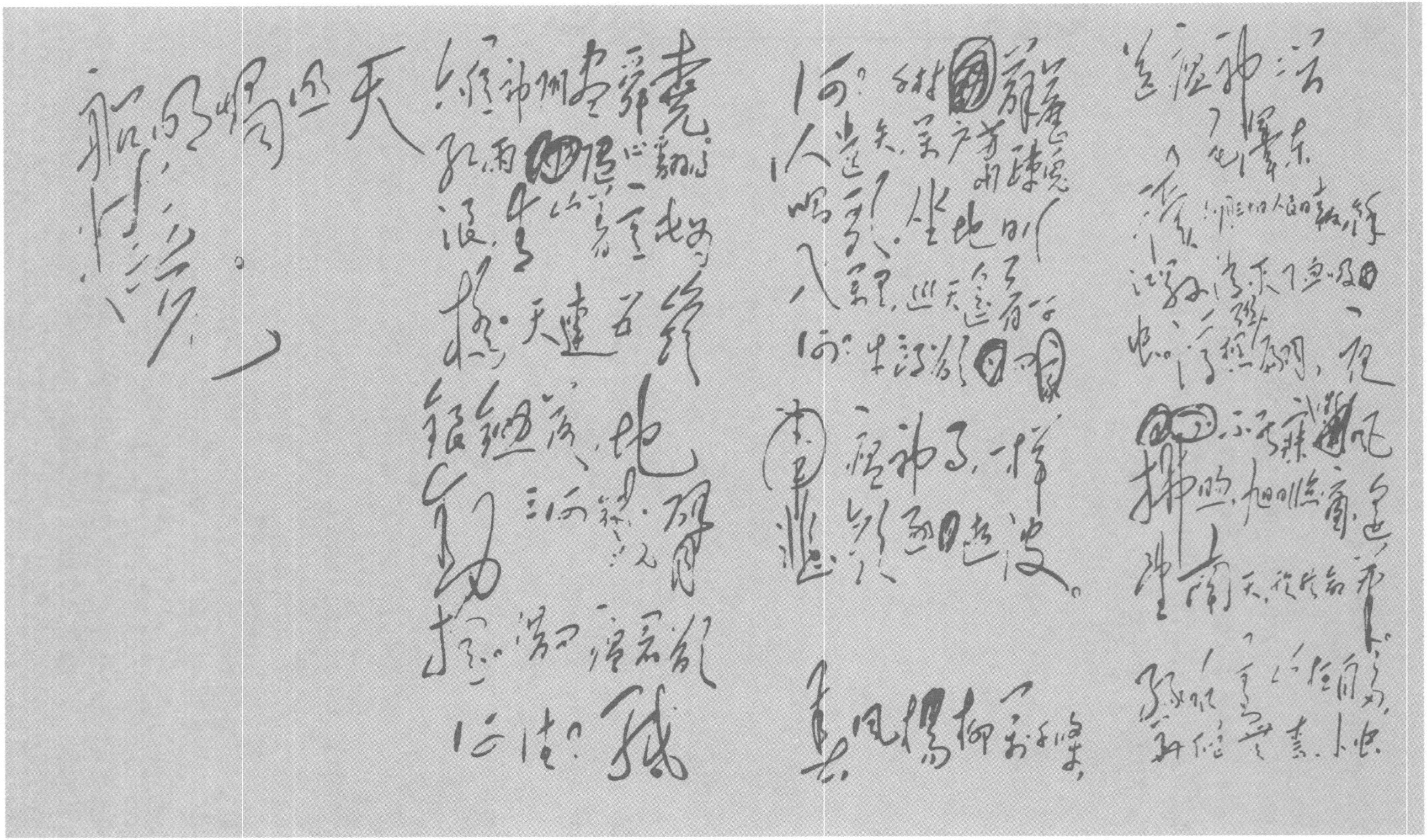

七律二首·送瘟神（手迹之一）

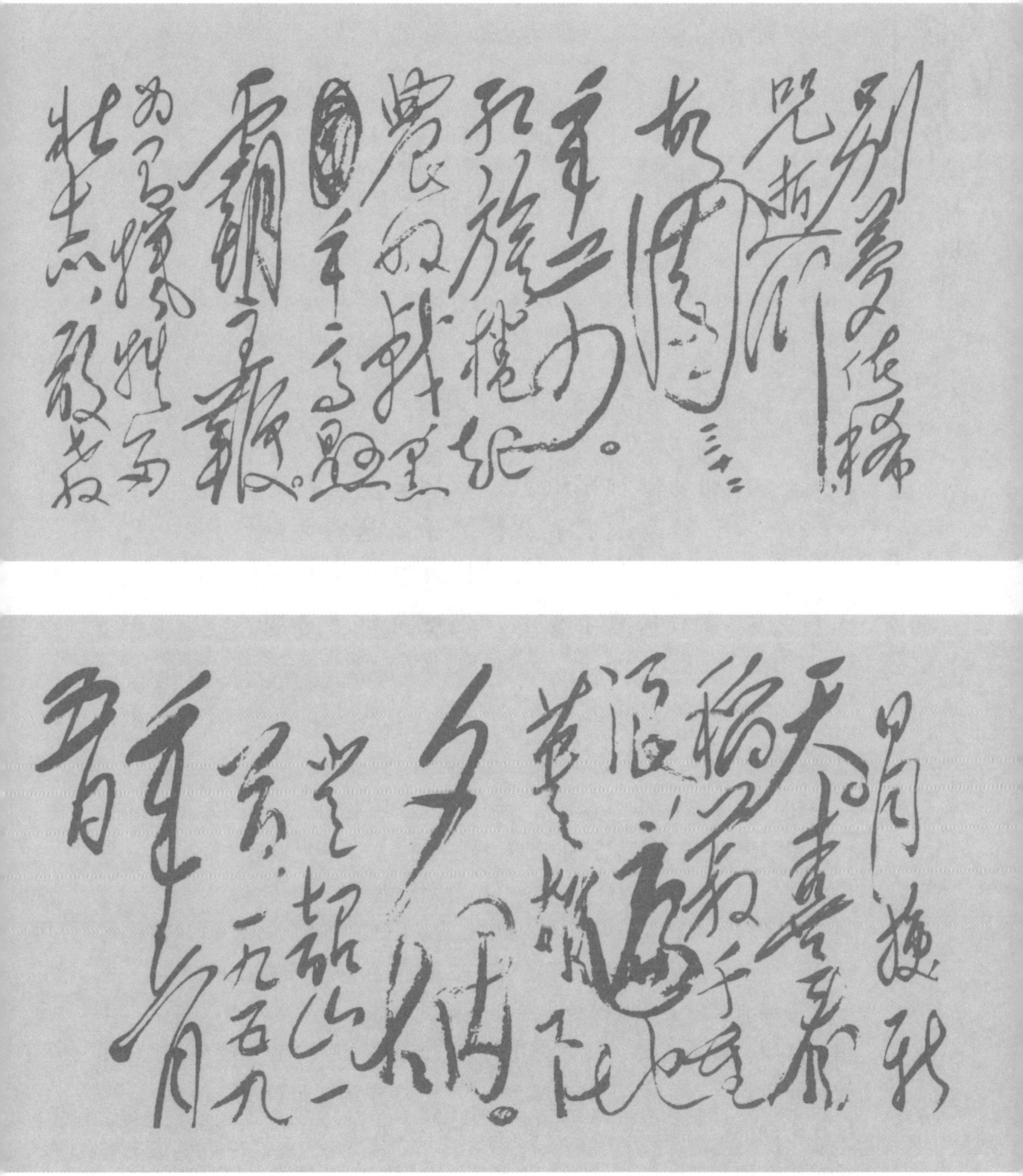

七律·到韶山（手迹之一）

七律·到韶山

（一九五九年六月）

一九五九年六月二十五日到韶山。离别这个地方已有三十二周年了。

别梦依稀咒逝川，故园三十二年前。
红旗卷起农奴戟，黑手高悬霸主鞭。
为有牺牲多壮志，敢教日月换新天。
喜看稻菽千重浪，遍地英雄下夕烟。

【题解】

韶山，即韶山冲，毛泽东故乡，诗题“到韶山”，表明为回乡诗。诗人自谓离别32周年，逆推离乡之期当在1927年。为革命而离乡，革命成功而回乡，此中况味，真是“日月换新天”！

毛泽东此次回乡时间是1959年6月25日下午五时许。6月26日到韶山学校，与师生畅谈并合影。下午，到韶山水库，游泳约两小时。复至父母墓前，献上几束松枝，深鞠一躬。离墓地，邀数名老人座谈，且留与同餐。晚住招待所，正好电灯坏，毛泽东说：“我今晚兴致勃勃，要写一首诗，你们给我找个煤油灯。”一灯橘黄，照着这位韶山之子。他伏案而书，《到韶山》一诗问世。为什么不写“回”韶山呢？回乡不是更感亲切？着一“到”字，避一“回”字，或许是诗人故意要稀释心中的浓情。热肠语，冷声言之，加一顿挫，更显思绪万千。

【注释】

[咒逝川] 慨叹光阴流逝。逝川，流水，喻时光。参见《水调歌头·游泳》注。

[农奴戟] 喻农民起义。戟，古代戈、矛一体的兵器，可用以直刺与横击。

[稻菽] 指庄稼。菽，豆类植物。

【品评】

乡情最浓，乡思最绵，回乡的感觉最好。领袖也不例外。“别梦”二句，总领全诗，概述离乡32年，乡思如缕，乡愁如梦，日思夜盼，挥之不去。首句从五代张泌《寄人》之“别梦依依到谢家”化出，易“到谢家”为“咒逝川”，是为了增强时间忧叹，也是生命忧叹。“咒”，不是直言相詈，仅表示无奈状态下的叨念与叹惋。“梦”有二解，一是做梦，梦回故园；二是人生如梦，踪迹无寻。二解皆通。联系“三十二年前”的“前”字，似将诗人之“梦”定格于对离家及离家后的生命回味为宜。

接下来颔、颈二联，是对别“梦”的艺术阐释。“红旗”对“黑手”，两种力量、两种命运之搏斗也；“牺牲”对“新天”，坚持革命、必定成功之感受也。所以，诗人的“梦”，既不玄虚，又不消沉，真如一曲国际悲歌，伴着诗人的足音，由青年走向壮岁。“红”与“黑”的对比，最有时代特征。“红”是一个系列（红旗、红星、红军、红色政权……），“黑”也是一个系列（黑帮、黑手、黑名单、黑暗统治……），在对立两极，酝酿中国的百年悲欢。等到毛泽东回韶山时，“红”已变成中国的基本色，“黑”则化为飘逝的记忆。“为有牺牲多壮志，敢教日月换新天”，此二句语新，意新，豪气干云，是诗人与革命的毛泽东的创造。

尾联走出“别梦”幻境，回到现实，展示诗人回乡见闻。加一“喜”字，情绪全变。“喜”从何来？既从胜利（日月换新天）来，亦从丰收（稻菽千重浪）来，可见，毛泽东的喜悦包含了革命与建设的双重验证！称农民为“英雄”，初看褒扬过甚，细推敲，则与毛泽东一贯主张“群众是真正的英雄”相契合。

此诗诗情之妙，在于将游子思乡“柔情”与大丈夫报国“豪情”交融于一，而具刚柔两象。

毛泽东在飞机上批阅文件。

毛泽东在庐山

七律·登庐山

（一九五九年七月一日）

一山飞峙大江边，跃上葱茏四百旋。
冷眼向洋看世界，热风吹雨洒江天。
云横九派浮黄鹤，浪下三吴起白烟。
陶令不知何处去，桃花源里可耕田？

作者自注

三吴，古称苏州为东吴，常州为中吴，湖州为西吴。

【题解】

此诗作于1959年7月1日，上距《到韶山》之作仅仅五天。这表明毛泽东正处在诗情奔涌之期。把握此诗基调，似与《到韶山》对照品味为好。再，诗成次日，即7月2日，著名的庐山会议既始召开（结束于8月1日）。庐山会议对于这首诗来说，仅为“后话”，而这首诗亦为庐山会议之“前兆”。知此，或不至盲解或误解。

【注释】

［庐山］位于江西省九江市郊，北临长江，南界鄱阳湖，又名匡庐、匡山，盖因秦末有匡氏兄弟庐居于此而得名。

［四百旋］指盘山公路。全长35公里，约有400多处转弯，故称。

[九派] 长江至九江分为九流，九江由此得名。毛泽东 1959 年 12 月 29 日致钟学坤信谓："九派，相、鄂、赣三省的九条大河。究竟哪九条，其说不一，不必深究。"参见本书《菩萨蛮·黄鹤楼》注。

[三吴] 说法不一，古或以苏州、常州、湖州为三吴。见《名义考》。另有作者自注可参。

[陶令] 陶渊明，东晋诗人，曾任彭泽令。

[桃花源] 典出陶渊明《桃花源记》，为一与世隔绝之避乱福地。

【品评】

欣赏此诗，重点要领会诗人的"登高气韵"；若作进一步推求，能知其"居高气韵"更好。

首联，"一山飞峙"二句，在全诗中至为关键。先讲山势陡峻，如天外飞来；后讲登临迅捷，一跃而上。山"飞"来，人"跃"上，都活了。庐山，高 1543 米，在中国的名山里不算太高。由于临江而立，与水相照，故更显高峻。山高，人却一跃而登之，因而在精神上、能动性上，人比山高。这是一个由山下到山上的过程。平行相比，人永远比山矮，叠加相比，人有时比山高。孔子所谓"登东山而小鲁，登泰山而小天下"，这一情绪，分明已被毛泽东捕捉。

颔联、颈联四句，紧扣"而小天下"的登高气韵，加以铺陈。在情态的连贯性上，则紧扣"跃上"展开。四句均属"视觉"形象，但又非见一物写一物；而是在"视觉"范畴内随我意向发挥，故而摄入诸景皆有超乎实际视野的宏阔。如"向洋"，如"看世界"，如"云横九派"，如"浮黄鹤"，如"浪下三吴"等，均是在庐山的实际海拔高度看不见的；诗行自由写来，皆为登高而眺，神招云前！这也就是有些评论者所谓"夸张"、"浪漫主义"。以我理解，此乃"视觉"与"想象"之同时启动：已在心中，故在望中，心胸万里，目光万里，一登庐山，所见皆大！这正好与毛泽东的领袖心态相合。登高，则目光自高；居高，则情志自雄。透过庐山登临的诗句，人们不难看到一位伟人面对共和国十年功业所隐隐流露的"居高气韵"。

"陶令"二句，作为全诗收束，仍然带有"视觉"扫描的特征，尽管"思维"力度已经加大。陶令，就曾隐居此山下，登山怀人，自然想到问他一句。“可耕田？”问出了关切，问出了怀念，问也是一种历史肯定。其间，今昔对比，人我对比，都在不言中；而“耕田”的意指，自然不必坐实为对农业、农民、粮食问题的关注。一个人，陶渊明；一方天地，桃花源；相合为一种理想光辉。能不能走进这片桃花缤纷的境界呢？毛泽东问而不答，诗情由此得以绵绵如缕不绝。

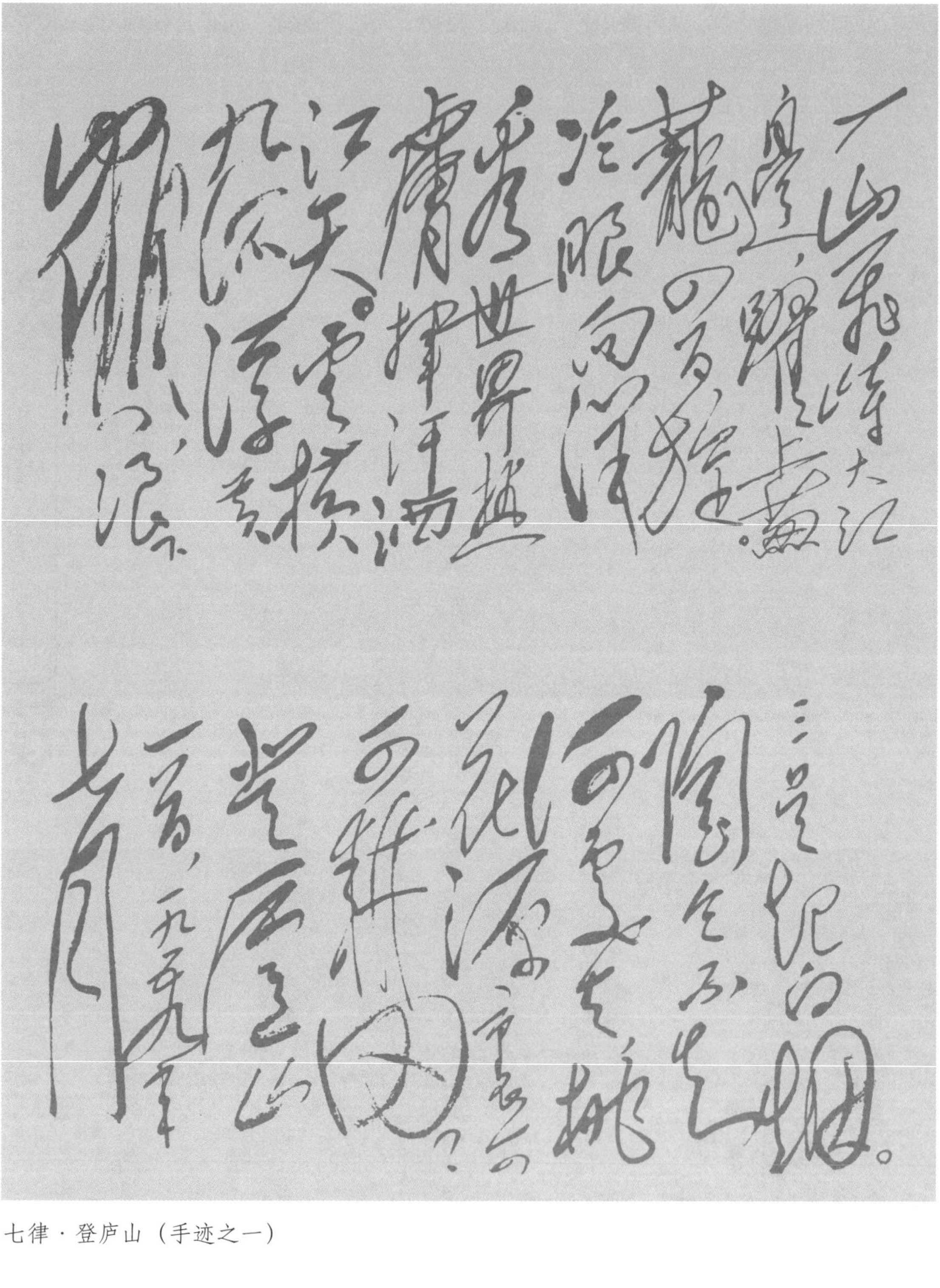

七律·登庐山（手迹之一）

七绝·为女民兵题照

（一九六一年二月）

飒爽英姿五尺枪，曙光初照演兵场。
中华儿女多奇志，不爱红装爱武装。

【题解】

诗题直标“题照”，极具时代特征。古诗，无“题照”之作，盖因古代无照相之术。但古诗不乏“题画”之作。鲁迅《自题小像》，是较早的“题照”诗。毛泽东一生“题照”诗仅一首，故应注意之。照片上的“女民兵”，为毛泽东的机要员小李。

【注释】

[飒爽英姿] 杜甫《丹青引赠曹将军霸》：“英姿飒爽来酣战。”杜诗用以形容画师之马健捷，此则形容女民兵之矫健俊爽。

[演兵场] 旧称演武场，即练兵场。

【品评】

在毛泽东已发表的诗词中，七言绝句仅有五首，此为一。“题照”，即照片上题诗。先有照片，后题诗，故称“照片配诗”可也。当诗词单独刊行，照片不附，读者又可从诗句推想照片，此大有意味之事。

“飒爽”二句，是就照片上有形有色的形象所作的铺排。“英姿”者，状人;"五尺枪"者，状武器;"曙光"者，点时间;"演兵场"者，点空间。

二句一出，人景皆活。即便不看照片，照片如在目前。"飒爽"句，借用杜甫《丹青引赠曹将军霸》成句——"褒公鄂公毛发动，英姿飒爽来酣战。"杜甫之诗，恰巧是赠给一位画师的，因重点在于表现其绘画成就，故有"题画"诗风采。上引二句，状曹霸所绘凌烟阁功臣肖像艺术效果，褒公谓段志玄，鄂公谓尉迟敬德。毛泽东颠倒引用，为了协律；将状男性猛将语加诸女性民兵，又为了突出女民兵之英豪。"五尺枪"，有人考证为"三八式"步枪，或据照片判定。"五尺"，"确数"也，但此处以"略指"为宜。

"中华"二句，是跳出照片空间而作的情感生发与时代慨叹。称"画外音"，亦无不可。有此"画外音"，照片上女民兵之形象便被赋予广泛指代意义。"红装"，又称"红妆"，指女性盛装。《木兰诗》谓："阿姊闻妹来，当户理红妆。"毛泽东将"红装"与"武装"相对，一经活用，女民兵的习武英姿跃然纸上。

何者为美？何者为丑？这是时尚对生活的询问。此诗刊出后，一种新的审美理想成为一代人的追求。20 世纪 60 年代，最时髦的服装是绿军装。男女无别，皆以为美。乃至群众组织也以"兵"命名。这在一定程度上折射出领袖人物的诗歌影响。

诗是时代产物。毛泽东创作此诗时，战争的威胁来自中国四方。用诗回应战争与和平的时代课题，或许太勉为其难，但后人无法否定诗人的国家之忧。

诗，永远是诗。诗的任务是以"美感"撩拨心弦。即便浸淫着浓烈的政治情感，诗也拒绝充当单纯的布道文告。了解了这一层，再读此诗，我们自然能面对女性之美、红装之美、武装之美！

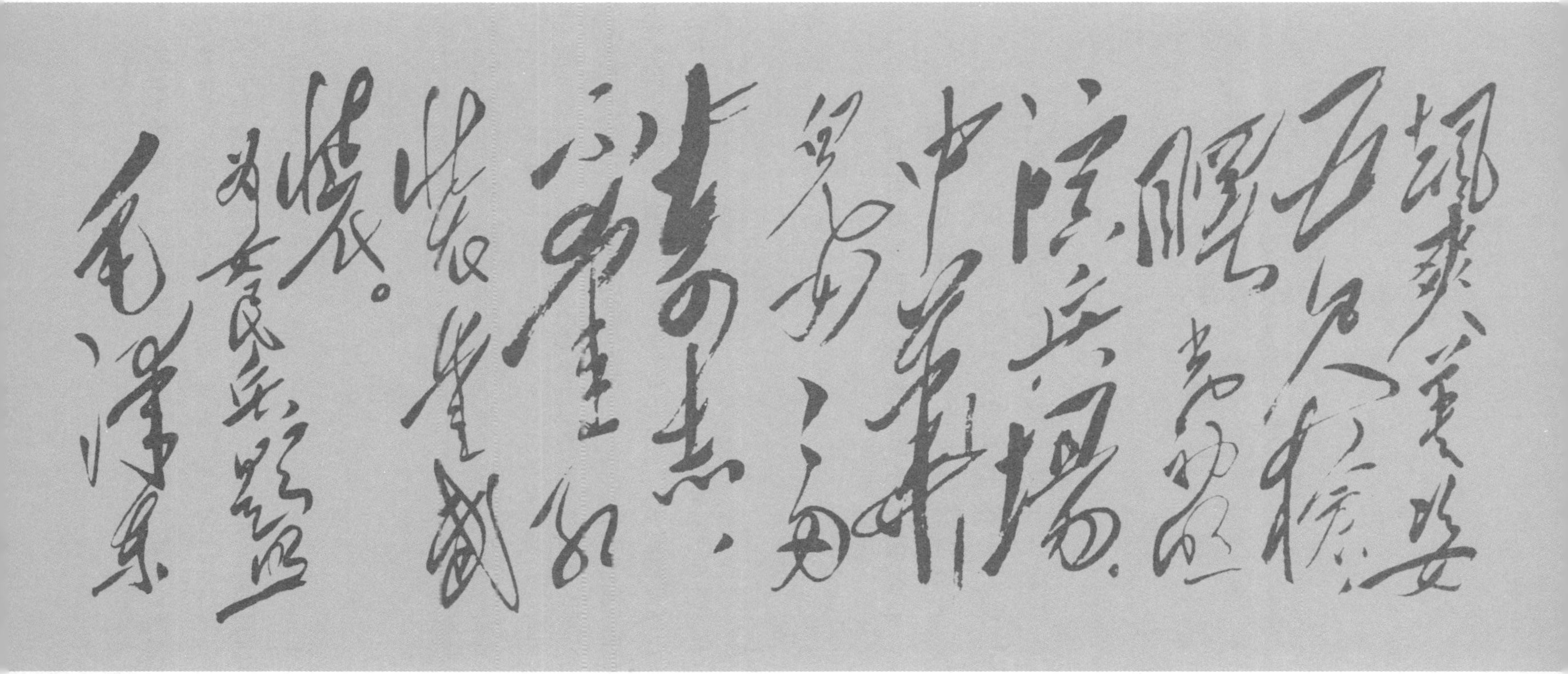

七绝·为女民兵题照（手迹之一）

七律·答友人

（一九六一年）

九嶷山上白云飞，帝子乘风下翠微。
斑竹一枝千滴泪，红霞万朵百重衣。
洞庭波涌连天雪，长岛人歌动地诗。
我欲因之梦寥廓，芙蓉国里尽朝晖。

【题解】

本诗手迹题为“答周世钊同学”，后发表时改为“答友人”。“友人”，即指周世钊等湖南同学。1960 年至 1961 年，中国经济从极端困境走向复苏，时任湖南省副省长的周世钊与同是毛泽东同学及好友的乐天宇、李达三人闲聊，商定送一点薄礼给毛泽东。李达送一支斑竹毛笔，附寄咏九嶷山的诗歌一首；周世钊送了一幅东汉蔡邕文章的墨刻；乐天宇送一条幅，并寄一七律。毛泽东感念旧日同窗盛意，吟此一律相赠。基调是歌颂、赞美家乡。

【注释】

[九嶷山]亦作“九疑山”，又名苍梧山，在湖南省宁远县南 30 公里处。旧说舜南巡，死于苍梧之野，娥皇、女英二妃寻夫至此，九坟疑似，莫辨真伪，故有“九疑”之称。李白《远别离》：“九疑联绵皆相似，重瞳孤坟竟何是？”

[帝子] 指娥皇、女英。为帝尧之女，故称。

[斑竹] 又称湘妃竹。神话谓二妃至苍梧，思帝悲啼，泪下沾竹，竹尽斑。见南朝梁任昉《述异记》。斑竹之生，实为菌类侵蚀而成。

[长岛] 指长沙湘江中之橘子洲。

[芙蓉国]指湖南省。五代谭用之《秋宿湘江遇雨》："秋风万里芙蓉国，暮雨千家薜荔村。"芙蓉，指木芙蓉，盛产湖南省。

【品评】

领会此诗，第一步是要准确把握“帝子”故事的含义。此诗前两联四句，皆围绕一个诗境——“九嶷山”展开。白云、翠微、斑竹、红霞，都在九嶷山的空间规范里。九嶷山，既是帝舜南巡葬身之所，又是他的两个妃子自投湘水之所，开篇见“山”，诗情便植入一个神话体系。这神话，如注释介绍，本极简单，毛泽东引其入诗，隐曲之衷又是什么呢？

慨叹帝舜的帝命不永或无巡难归？

哀怜娥皇、女英泪洒相思或殉情自尽？

果如此，则毛泽东便在最浅近、最表层的意义上复述了一个人尽皆知的传说。以诗人学养和领袖风度，当不致如此。那么，“隐曲之衷”究在何处呢？

我以为，本诗的旨趣，是一“思”字，或一“恋”字而已。山是故乡名山，竹是故乡名产，帝子是故乡人物，一一用彩笔（白、翠、斑、红）点染之，皆缘于思乡之情、恋亲之意也。而“思”与“恋”，基底为一“爱”字！因为是写诗，这思恋之爱不好坦坦直陈，最后只好依托一个古老的、惊心动魄的神话故事。这儿，切忌一对一的比附。有人考释，“帝子”句为“暗寓女友当年由家乡来到都市长沙等地”。实则实也，证亦证也，如此解诗，何必写诗？只要在本质上认同了“帝子”形象的美学意义，这一形象由爱恋而生忠贞，由忠贞而勇于牺牲的生命历程就有了含蓄的比喻（暗喻、隐喻）或象征（人的、情的）之义。

颈尾二联，缘着前四句的定势，作诗境、诗情拓展。境，由九嶷山一个“点”，扩展到洞庭湖橘子洲这个“面”；情，由思古幽情，飞跃到览今豪情，一改含而不露为直抒胸臆。诗眼，在一“梦”字。主动寻梦，或偶入乡梦，暂不用管，但借此一“梦”，诗人的主观情怀得以拥抱一切客观事物。“连天雪”如画，“动地诗”如歌，皆在“芙蓉国里”；而“芙蓉国”则又在我的寥廓之“梦”里！

1961 年，中国经济形势极为严峻。从这首诗里，我们却感受不到一丝游移与彷徨。一往情深的，是诗人对故乡的热爱与眷恋。泛言之，诗中之“芙蓉国”，亦即新中国之写照。家国相依，爱家乡、恋友人的背景情绪乃爱国主义也。

词彩之丽，意象之美，此诗冠绝毛泽东诸诗之上。

七律·和郭沫若同志

（一九六一年十一月十七日）

一从大地起风雷，便有精生白骨堆。
僧是愚氓犹可训，妖为鬼蜮必成灾。
金猴奋起千钧棒，玉宇澄清万里埃。
今日欢呼孙大圣，只缘妖雾又重来。

【题解】

这首诗是对郭沫若《看〈孙悟空三打白骨精〉》一诗的和诗，最早发表于人民文学出版社 1963 年 12 月版《毛主席诗词》。《孙悟空三打白骨精》是浙江绍剧传统剧目，内容取材于《西游记》第二十七回。1961 年，浙江省文化厅经改编，将此戏带北京汇报演出。郭沫若于 10 月 18 日在民族文化宫看了绍剧“三打”后，与剧组人员谈话，曾联系国际共运内部斗争对剧情加以引申。10 月 25 日，又写成《七律·看〈孙悟空三打白骨精〉》，主旨在反对当时所说的“修正主义”，自然，唐僧成为诗歌抨击重点。其诗曰：“人妖颠倒是非淆，对敌慈悲对友刁。咒念金箍闻万遍，精逃白骨累三遭。千刀当剐唐僧肉，一拔何亏大圣毛。教育及时堪赞赏，猪犹智慧胜愚曹。”

11 月 17 日，毛泽东读了郭氏呈诗，写下这首和诗，提出有别于郭氏的评判标准。郭氏在回忆里说：“毛主席的和诗，事实上是改正了我的对于唐僧的偏激的看法。”1962 年 1 月 6 日，郭氏又有和诗再呈毛泽东。诗曰：“赖有晴空霹雳雷，不叫白骨聚成堆。九天四海澄迷雾，八十一番弭大灾。僧受折磨知悔恨，猪期振奋报涓埃。金睛火眼无容赦，哪怕妖精亿度来。”毛泽东阅此诗后，致信郭氏曰：“和诗好，不要‘千刀当剐唐僧肉’了。对中间派采取了统一战线政策，这就好了。”

【注释】

[郭沫若]生于1892年，逝于1978年。四川乐山人。文学家、历史学家。

[白骨堆]指《西游记》中之妖精“白骨精”，在孙悟空棒下，化作“一堆粉骷髅”。

[僧]唐僧，唐代高僧玄奘，曾去印度研究佛学，带回大批经典在长安翻译。小说《西游记》依民间流传唐僧取经事演义成书。小说之唐僧，非历史之唐僧。

[金猴]指《西游记》之孙悟空。下句“孙大圣”同。

【品评】

说“政治议论诗”可，说“政治抒情诗”亦可。

作者“和诗”，本来是诗人与诗人诗情应和，但这首诗因为鲜明的政治倾向性，而有了更为公开的教化作用。

郭沫若诗，将唐僧视为可加千刀万剐之形象。作观众言，无可无不可。毛泽东不同意郭说，重点鞭挞“妖精”。即便回复到《西游记》故事，毛泽东的见地都更为正确而入木三分。

首联“一从大地起风雷，便有精生白骨堆”句，是叙述，是判定，又是议论。追本溯源，对立统一而观之，只要有世界，就有毁坏这个世界的“白骨精”。无可置疑，一言定谳，这是毛泽东的哲学判定！

颔联议论色彩最强。“僧”与“妖”对举，僧“愚氓”，“犹可训”；妖“鬼蜮”，“必成灾”。僧、妖不同属性，故可区别对待。这是很冷静的思考，也是很有原则的划分。政治家的理性与浪漫诗人的偏好，在唐僧评价上各行其道。想来，还是毛泽东正确。“金猴”二句，对孙悟空的赏识溢于言表。“金猴”之“金”，非“金身”之猴，实“金睛”——火眼金睛之猴。眼明，能一眼识破白骨精变化之美女，凡夫俗子不可为也！

尾联，跳出《西游记》或绍剧《孙悟空三打白骨精》的故事，回到共产主义运动的“今日”。“今日”不平静，“今日”有迷雾，“今日”有妖氛，所以，诗人要“欢呼”孙大圣，希望借他的“金睛”勘破“妖雾”，借他的“千钧棒”痛殴“妖精”。

此诗的理性极强。但“理性”思辨又是充分形象化的。这形象，倒不全在“大地”、“风雷”、“鬼蜮”、“金猴”、“白骨堆”、“千钧棒”等的词语意象，最丰富的意象魔库是《西游记》故事。一步也没离开“西游”故事，所有的人物、事件也都摘取自“西游”体系，在表达的层面上，一丝儿也未掺杂任何时尚政论，但政论之倾向，无处不鲜明，无处不坚刚。

诗仅八句，表述手法却每联不同：精炼概括的叙说（首联），鞭辟入里的阐释（颔联），境界广阔的描绘（颈联），惊天动地的呼唤（尾联），构成一个艺术整合。可谓尽得“言于此而意在彼”之妙！

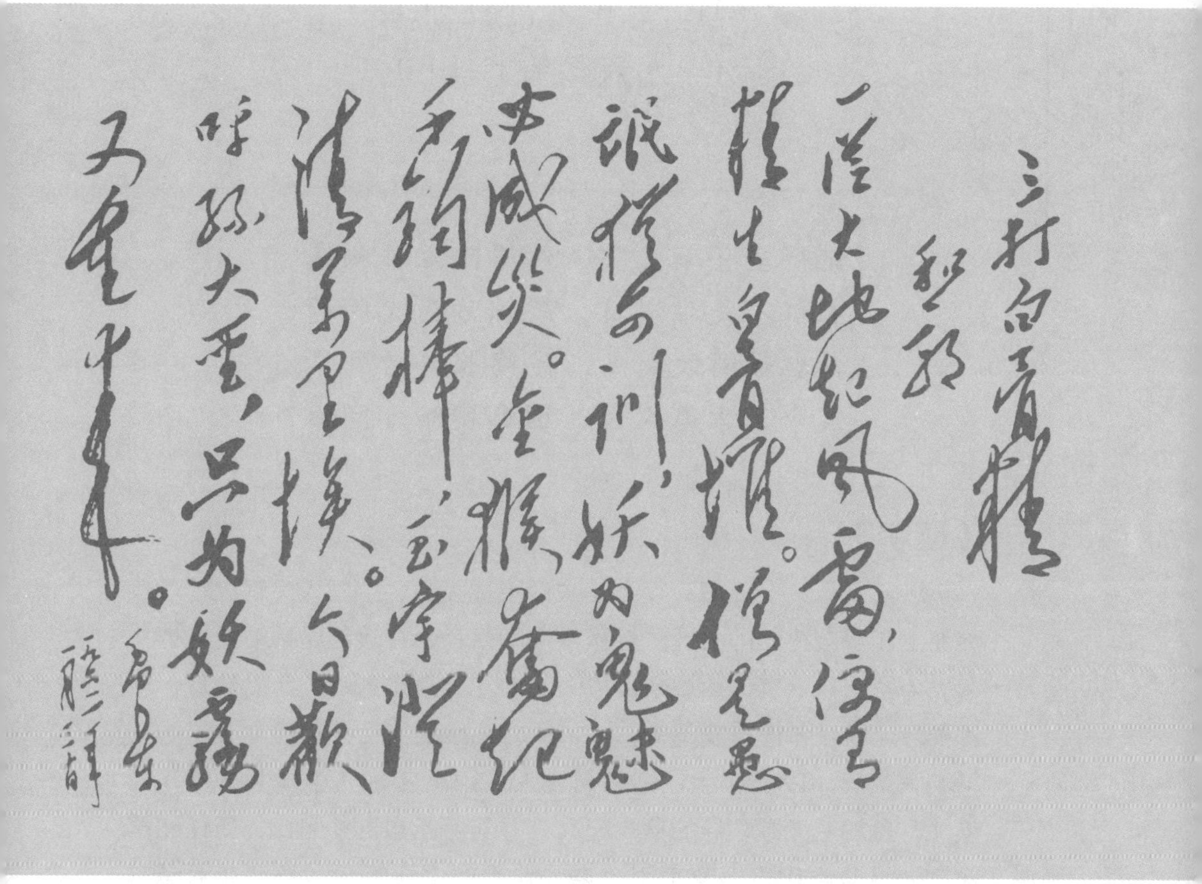

七律·和郭沫若同志（手迹之一）

七律·吊罗荣桓同志

（一九六三年十二月）

记得当年草上飞，红军队里每相违。
长征不是难堪日，战锦方为大问题。
斥鷃每闻欺大鸟，昆鸡长笑老鹰非。
君今不幸离人世，国有疑难可问谁？

【题解】

1963年12月16日，中共中央政治局委员、中国人民解放军总政治部主任罗荣桓元帅去世。毛泽东惊闻噩耗，在政治局常委会上带头起立为罗荣桓默哀，然后亲自去医院向元帅遗体告别，此后数日，哀思难释，终在冬夜草成此诗。

罗荣桓，1902年生，湖南衡山人。1927年加入中国共产党，同年9月参加毛泽东领导的秋收起义，并随毛泽东上井冈山，历任红军连营、纵队党代表以及军团政委、政治部主任等职，长期在毛泽东直接领导下工作。抗日战争中，任八路军一一五师政治部主任、政委、代师长。解放战争中任中国人民解放军第四野战军第一政委等职。1955年被授予中华人民共和国元帅，是中共第八届中央政治局委员。

【注释】

［草上飞］句出黄巢《自题像》："记得当年草上飞，铁衣着尽着僧衣。"疾行江湖貌。

［战锦］辽沈战役攻打锦州之役。其时林彪为东北野战军司令员，

罗荣桓为政委。中央军委与毛泽东战略已定，电示攻打锦州。林反对，罗坚持，终于按中央部署落实。

[斥鷃]即斥鷃。蓬蒿间低飞小雀。大鸟，当指鹏鸟。典出《庄子·逍遥游》。

[昆鸡]即昆鸡或鹍鸡，一种大鸡。《尔雅·释畜》："鸡三尺为鹍。"

【品评】

毛泽东极少写吊唁之诗。1915年，毛泽东22岁，有诗挽同窗好友易昌陶。隔48年，有吊罗荣桓之诗。可遇不可求，积哀成诗，幽明感应，罗荣桓元帅可以无憾！

悲痛敲开忆念之门。"记得"句虽全引古人旧作，却如同己出。用"草上飞"三字模拟罗荣桓当年军旅英姿，传神且散发一丝草莽英豪气度。黄巢诗，或为后人假托，或为黄巢氏割剥元稹诗句（元稹《智度师》二首："四十年前马上飞，功名藏尽拥禅衣，石榴园下擒生处，独自闲行独自归。""三陷思明三突围，铁衣抛尽纳禅衣。天津桥上无人识，闲凭栏干望落晖。"）而成，无须详究。毛泽东径引黄巢名下这首诗，看来是将造反的英雄引为同道。首联、颔联四句，皆由"记得"领起，以时为序，罗列罗荣桓一生大事。"相违"一说，大抵指在中央苏区，随毛泽东升沉，二人时有聚散。屡屡分手，每每同心，这是让毛泽东对这位曾经任过自己警卫的老部下分外信任的原因。戎马一生，战功卓著，一首律诗，何以枚举？故"相违"后仅举二事已足。一是长征事，一是"战锦"事。前事为铺垫，后事为主脑，以此表现罗荣桓对毛泽东思想之忠诚。

颈联两句，引用旧典，作为烘托，提示罗荣桓在几十年革命生涯中曾经受的攻击与诋毁，进而赞扬他的"大鸟"、"老鹰"精神。有其事，但不坐实其事；点到即止，水落沙白，鸡自鸡，鹰自鹰，已无须烦言。

尾联，回应诗题之"悼"以"离人世"表示不幸之极。其实，对于死者，已无"幸"与"不幸"。故词锋一转，推出诗人浩然一叹："国有疑难可问谁？"可问国事者，必国士也。这是另一种形态的肯定，证明毛、罗相知之深，相倚之重。

悼词悼诗最忌精巧浮薄。情到死别，长歌当哭，村言野语皆浸泪。这首诗，平白如话，以真挚见长，故不必在字句间吹求也。

贺新郎·读史

（一九六四年春）

人猿相揖别。只几个石头磨过，小儿时节。铜铁炉中翻火焰，为问何时猜得，不过几千寒热。人世难逢开口笑，上疆场彼此弯弓月。流遍了，郊原血。　一篇读罢头飞雪，但记得斑斑点点，几行陈迹。五帝三皇神圣事，骗了无涯过客。有多少风流人物？盗跖庄屩流誉后，更陈王奋起挥黄钺。歌未竟，东方白。

【题解】

词题“读史”，分明是一则用“词”的艺术形式记下的读书笔记。

毛泽东一生爱读书，尤喜读史。他曾通读过《二十四史》及一些编年体、纪事本末体史书，还有不少野史笔记。进入历史，再走出历史，人变得聪明起来。毛泽东便是为数不多可以穿越历史，又能保持清明智慧的读史者。他说过：“我们这个民族有数千年的历史，有它的特点，有它的许多珍贵品。对于这些，我们还是小学生。”（《中国共产党在民族战争中的地位》）。

20世纪60年代初期，国际形势风云变幻。到1964年春天，中国共产党所面临的“反帝”、“反修”任务以及在国内所推行的“以阶级斗争为纲”的治国方略，都还胜负未决。毛泽东的思想，似乎处在又

一次激变前夜。所以，这首《读史》洋溢着的历史批判，并不是思维的终点。

【注释】

[人猿相揖别] 指由猿变成人。揖别，作揖告别。

[不过几千寒热] 依词谱，此句当为七字，或为“不过是几千寒热”。

[人世难逢开口笑] 化用唐杜牧《九日齐山登高》诗句“尘世难逢开口笑”。开口笑，语出(《庄子·盗跖》：“人上寿百岁，中寿八十，下寿六十。除病瘦死丧忧患，其中开口而笑者，一月之中，不过四五日而已矣。”

[弯弓月] 张弓射箭。李白《塞下曲》：“弯弓辞汉月，插羽破天骄。”

[五帝三皇] 通常说“三皇五帝”。一般指伏羲、燧人、神农为“三皇”；黄帝、颛顼、帝喾、唐尧、虞舜为“五帝”。

[盗跖庄屩] 皆古代叛逆者。盗跖，春秋末年柳下屯人，或以为柳下惠弟。庄屩，战国楚庄王后。二人皆曾率众起义。

[陈王] 陈胜。秦末阳城(今河南登封)人，与吴广率众起义，攻入陈(今河南淮阳)时，被拥为陈王，国号“张楚”。

【品评】

读史有“跪读”与“站读”，有“正读”与“反读”。因人而异，不能强求。有人读憨了，有人读精了，有人读成奴才，有人读成英雄……

这首“读史”，充满了大勇气、大智慧。以致我们要用一种全新的眼光才能认识，噢，这才是读透了中国历史的毛泽东！

上阕，追溯由猿变人、旧石器时代、新石器时代、青铜器时代、铁器时代，由远及近，几千年一扫而过。整个历史充斥了厮杀与流血。显然，这个诗人所描绘的历史程序，并非中国“二十四史”内容。因为，中国旧史，还没有触及人类进化，甚至石、铜、铁的分期也不了然。所以这个“读史”之“史”，大约是20世纪新史学家们重新编订的《中国通史》或《世界通史》之类。“人世难逢开口笑，上疆场彼此弯弓月”，是对毛泽东阶级斗争理论的注脚。

下阕，告别了历史程序，发生了历史慨叹。“一篇读罢头飞雪”，那个“一篇”或为“二十四史”的另一表述，不然，不能读到满头白发。读到老，记下的却很少。“斑斑点点”，“陈迹”模糊，而且骗人的东西太多。毛泽东只摘举中国史书共识性的“神圣事”加以批驳。三皇五帝尚且可疑，三皇五帝后的“风流人物”，又有几个属真？“有多少风流人物？”问倒了历史；与《沁园春·雪》“数风流人物”，有异曲同工之妙，只是更不客气。“盗跖庄屩流誉后，更陈王奋起挥黄钺”，这两句，赞扬了三个人，实际上赞扬了纵贯古今所有的反抗者。

最出色的，是“歌未竟，东方白”六字收煞。这“歌”，是什么“歌”呢？诗人未言。最通顺的解释，是指诗人的诗词歌吟，意谓：我这首“读史”词尚未吟哦尽兴，天光已然大亮。它喻指的是，走出历史，即走出黑暗！当然，也可以将这“歌”与词中已列举、未列举的一切反叛者的呐喊相混合，喻指战歌催生的历史变迁。

没有人将“读史”笔记写成如此的“解释”。这让人想起毛泽东对人们的告诫：要将颠倒的历史，再颠倒过来！回顾历史，是应该重新颠倒的！

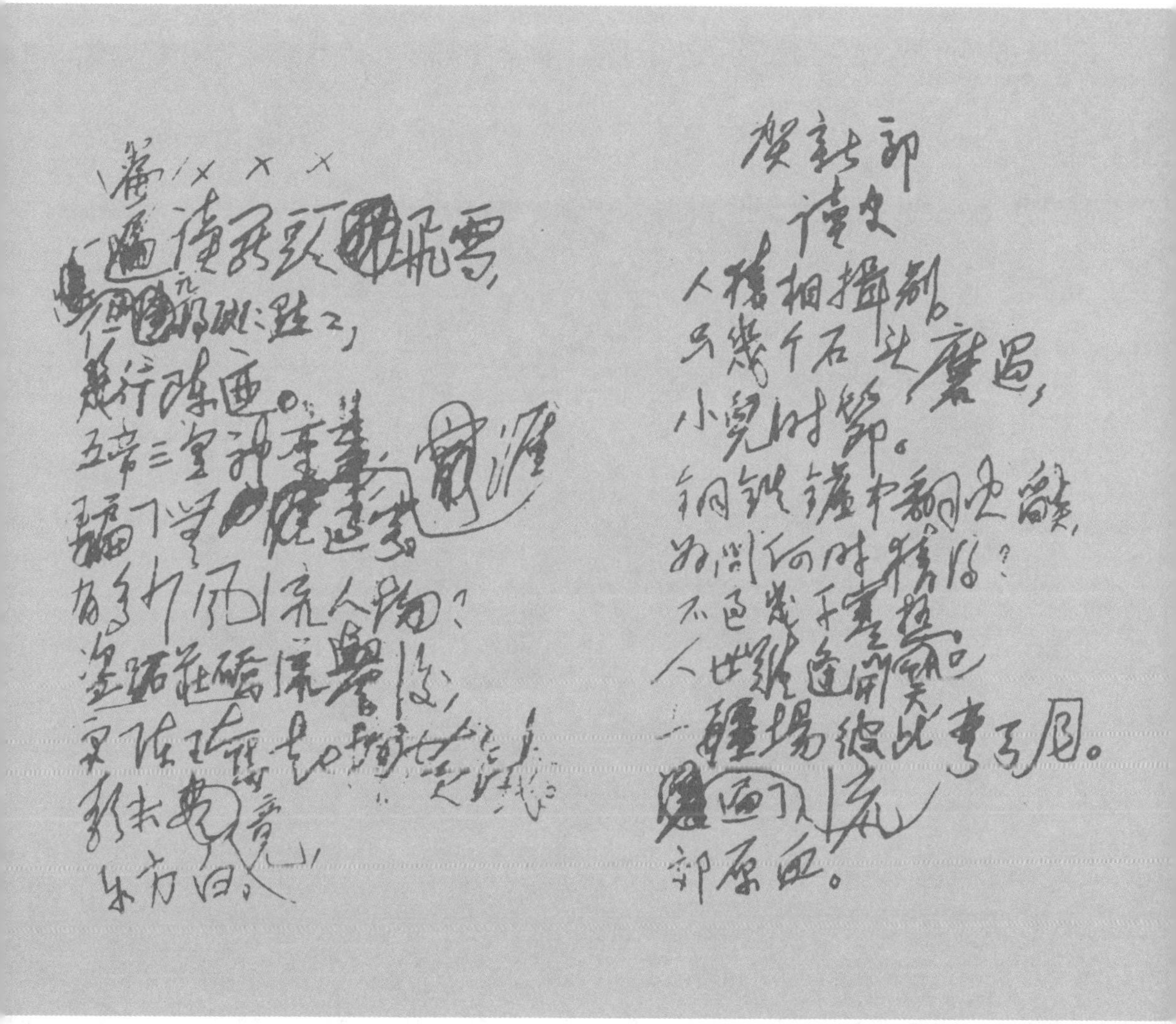

贺新郎·读史（手迹之一）

1961年毛泽东在广州

卜算子·咏梅

（一九六一年十二月）

读陆游咏梅词，反其意而用之。

风雨送春归，飞雪迎春到。已是悬崖百丈冰，犹有花枝俏。　　俏也不争春，只把春来报。待到山花烂漫时，她在丛中笑。

【题解】

“卜算子”，又名“百尺楼”、“楚天谣”、“眉峰碧”。双调，44字。前后阕各四句，两仄韵。这首词最早发表于人民文学出版社1963年12月版《毛主席诗词》。小序自谓“读陆游咏梅词”，陆游《卜算子·咏梅》曰：“驿外断桥边，寂寞开无主。已是黄昏独自愁，更著风和雨。　　无意苦争春，一任群芳妒。零落成泥碾作尘，只有香如故。”毛泽东说“反其意而用之”，知陆游词意，方知“反意”之指。

词作于1961年12月。此月，毛泽东在广州，正在为即将召开的中共中央扩大会议作准备。由于指导失误，加之外部原因，共和国正处在成立后三年最困难的时期。政治形势、经济形势、外交形势，皆异常严峻。毛泽东读陆游《咏梅》，反出其意，独抒情怀，通过对全新的梅花形象的描绘，寄托了逆境振奋、功成不居的情怀。

词出，在中国人中广为流传，且被之管弦，万声讴歌，梅花之傲雪精神再一次为国人颂扬。

【注释】

[陆游] (1125—1210),字务观,号放翁,南宋诗人,山阴(今浙江绍兴)人,主战,梦恢复河山,有《剑南诗稿》、《渭南文集》等。

[反其意] 与其立意相反。严有翼《艺苑雌黄》:"文人用故事,有直用其事者,有反其意而用之者。"

[百丈冰] 极言冬寒。岑参《白雪歌送武判官归京》:"瀚海阑干百丈冰。"

【品评】

这是一首咏物(花)词。托物言志,其志也明。

梅花是主人。在陆游词中,梅花这主人坚贞而寂寞,有九死不悔之信念。在毛泽东词中,梅花这主人乐天而俏丽,有功成不居之风华。

梅在雪中开,不同的诗人走过,以"心"读梅花,感受不一。梅花永远是梅花。千人千咏,有千诗千词。梅在诗人心中,诗人化为梅花。花香人香,花艳人艳,了然不分也。

毛泽东这句咏梅短章,妙在"反其意"。这么一"反",跳出了寂寞、无奈与无为,变为"送"春(去岁之春)、"迎"春(今岁之春)、"俏"春、"报"春、"笑"春。梅花,成了结束一个季节、一种气候,开始一个季节、一种气候的标识性存在。辞旧迎新,其功大焉。

上阕,"风雨送春归,飞雪迎春到。已是悬崖百丈冰,犹有花枝俏"。一路写来,梅花的生长环境、开放季节、俏丽姿色、耐寒品质一一呈现读者眼前。百丈冰雪,一枝独俏,"俏"字出,则梅花精神出矣!下阕,"俏也不争春"二句,有议论风格,又是梅花心理自述,烘托出一个有思想、有是非、有爱憎、有追求的梅花仙子形象。"待到"二句,以设想口吻,描绘春色美景以及在这美景中微笑不言的梅花。"笑"在"俏"后。"俏"乃"百丈冰"环境下的"俏","笑"乃"山花烂漫"背景下的"笑"。画龙点睛,一"笑"肯定了多少胜利,又超越了多少胜利呢!

咏物抒情,难免自况。但诗境已在诗里,梅花已在诗境里,故《咏梅》的美学涵旨,永远被新的吟咏逗发阵阵幽香。

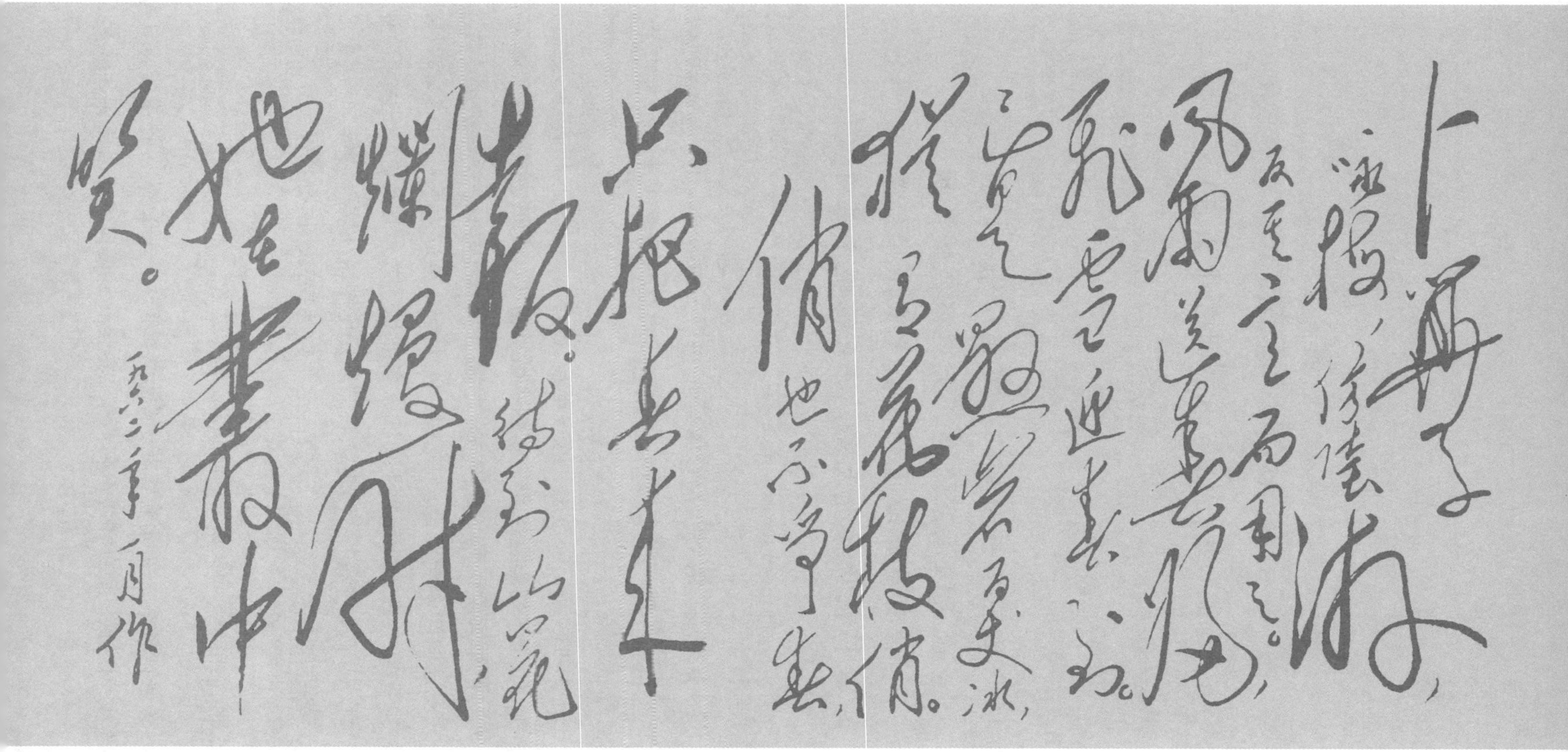

卜算子·咏梅（手迹之一）

七律·冬云

(一九六二年十二月二十六日)

雪压冬云白絮飞，万花纷谢一时稀。
高天滚滚寒流急，大地微微暖气吹。
独有英雄驱虎豹，更无豪杰怕熊罴。
梅花欢喜漫天雪，冻死苍蝇未足奇。

【题解】

1962年12月26日，是毛泽东70诞辰。写诗以明志，虽不标自寿，但七十“古稀”或“从心所欲，不逾矩”，必然思索了生命成熟期的自信与自由。

三年困难时期仍未过去。这一年6月，台湾的蒋氏政权有“反攻大陆”之举动。而此前的春夏之交，新疆塔城、裕民、霍城三县6万多居民逃往苏联，伊犁又发生暴乱。10月，印度军队在中印边界东西两段同时向中国入侵，迫使中国自卫反击。从11月起，苏联发表几百篇文章抨击中国内外政策，在苏共策划下，四十多个共产党、工人党组织发表决议，声明指责中国共产党。一时，大有“黑云压城城欲摧”之势。

年终岁尾，大雪纷飞，千思万虑，鼓荡胸臆，遂有是作。

【注释】

[白絮] 柳絮，在此喻雪花。《世说新语·言语》载，晋谢安雪日与子侄辈讲论文义，问白雪纷纷何所似，其侄女道韫曰：“未若柳絮因风起。”

[熊罴] 熊与罴，皆猛兽。《尚书·牧誓》："勖哉夫子，尚桓桓，如虎如貔，如熊如罴。"

【品评】

诗题为"冬云"，取之首句"雪压冬云"中，实写"冬雪"。冬云或冬雪，皆为环境之一个侧面，言寒氛笼罩，彻天彻地，梅开蝇死，不足叹奇。

首联二句，开篇点题，以天地对照的视角，极言雪"飞"花"谢"的数九冬寒。"压"字富有力度和动势，给人以沉重感，有家国势危的象征意味。

颔联，"高天"与"大地"二句，仍然天地相映，但已从首联一边倒的绝对优势的寒压下解脱出来，以"寒流"与"暖气"的平衡，孕育变机。"滚滚"者，在虚张声势；"微微"者，在蓄力待发。

尾联"梅花欢喜漫天雪，冻死苍蝇未足奇"二句，在诗意、诗情上紧承颈联，而音调更趋高亢，意气更为昂扬。"梅花"与"苍蝇"，既是客观景物，又是具有象征、指代韵味的对立形象。"梅花"形象，是对《卜算子·咏梅》中梅花形象的发展；而"苍蝇"形象，则是十数日后另一新词《满江红·和郭沫若同志》中"几个苍蝇"的预备性铺垫。过去，多知道毛泽东喜什么（如梅花、劲松、险峰、斑竹、红霞、朝晖、神女、金猴……），而少知他厌什么（黑手、瘟神、小虫、魔怪……），此章一出，我们知他最厌者，苍蝇也！古人较忌议论入诗，但倘出新词与新义，议论也让人有拍案惊绝处。《冬云》议论，形象而新颖，爱憎而分明，大有警句魅力。

满江红·和郭沫若同志

（一九六三年一月九日）

小小寰球，有几个苍蝇碰壁。嗡嗡叫，几声凄厉，几声抽泣。蚂蚁缘槐夸大国，蚍蜉撼树谈何易。正西风落叶下长安，飞鸣镝。　　多少事，从来急；天地转，光阴迫。一万年太久，只争朝夕。四海翻腾云水怒，五洲震荡风雷激。要扫除一切害人虫，全无敌。

【题解】

“满江红”，又名“念良游”、“伤春曲”。双调，93 字。前段四仄韵；后段五仄韵。这首词的写作，虽跨入 1963 年，但距《冬云》之写作，仅 14 天。故诗人情绪与写作《冬云》无大异。词题为“和郭沫若同志”，郭氏《满江红·一九六三年元旦抒怀》发表于 1963 年 1 月 1 日《光明日报》。毛泽东时在广州，读《光明日报》上郭词，于是有感而发，写词以和之。词的批判目标，主要指以苏联领导者为代表的反华势力。郭沫若《满江红·一九六三年元旦抒怀》云：“沧海横流，方显出英雄本色。人六亿，加强团结，坚持原则。天垮下来擎得起，世披靡矣扶之直。听雄鸡一唱遍寰中，东方白。　　太阳出，冰山滴；真金在，岂销铄？有雄文四卷，为民立极。桀犬吠尧堪笑止，泥牛入海无消息。迎东风革命展红旗，乾坤赤。”

【注释】

[寰球] 寰通"环"，地球。

[蚂蚁缘槐] 典出唐李公佐传奇《南柯太守传》。传奇写淳于棼梦入"大槐安国"，经历升沉荣辱，醒后方知所谓"大槐安国"者，乃槐树下一蚁穴而已。

[蚍蜉撼树] 典出唐韩愈《调张籍》诗："蚍蜉撼大树，可笑不自量。"蚍蜉，一种大蚂蚁，可以害树。

[西风落叶] 化用唐贾岛《忆江上吴处士》"秋风生渭水，落叶满长安"句。

[鸣镝] 又称嚆矢，一种响箭，《史记·匈奴列传》载，冒顿单于制作鸣镝。韦昭注："矢镝飞则鸣。"

【品评】

郭沫若词"元旦抒怀"主旨在于赞颂。颂祖国形势，颂领袖功业。颂之余，还有对敌人（主要指当时的"修正主义者"）的批判。

毛泽东和词，为批判特色极强的形势抒怀。"敌情"观念强，蔑视情绪重，将词作当成了一篇战斗檄文；所以，这首《满江红》洋溢着快人快语的愤激。在委婉含蓄的风旨上，稍逊《沁园春·雪》或《念奴娇·昆仑》。此或老当益壮的老来情致使然。

上阕，几乎都是对立方面的反派形象："苍蝇"凄厉，"蚂蚁"夸国，"蚍蜉"撼树，"西风"吹叶，以围攻的姿态，犯我"长安"。这是诗化的国际形势，这是毛泽东感同身受的时代氛围。化为诗句，一一点击之，皆小角色、小头脸、小玩意、小破坏者而已！小人成不了大气候，故"飞鸣镝"三句，足以一箭双雕、三雕、四雕而制之。

与一切小角色对应存在的，是一位将地球也视为"小小寰球"的精神巨人。吟诵此章，万勿忽略诗人为我们塑造的那位抒情主体！

下阕，由隐喻托讽转为直抒胸臆。"多少事，从来急；天地转，光阴迫"。一个"急"，一个"迫"，表达了诗人在时间之河中的生命自觉。"一万年太久，只争朝夕"。"争"字一出，诗人已将生命的紧迫化为朝夕克敌的行动。不要说"一万年"，千年、百年亦属"太久"，"只争朝夕"

才是多少智慧。“四海”、“五洲”二句，是毛泽东的世界形势估算。时至今日，后人已不必衡估其准确与否。我们感受的，是一个以天下为己任者的无私情怀。“全无敌”句，迸射人生自信，“害人虫”何足道哉！

诗词的节奏（律），是生命节奏（律）的艺术化产物。这首词，节奏之迅急，在毛泽东所有诗词中绝无仅有。是临敌前的昂奋使然？抑或突围时的紧张使然？

1965年毛泽东重上井冈山

水调歌头·重上井冈山

（一九六五年五月）

久有凌云志，重上井冈山。千里来寻故地，旧貌变新颜。到处莺歌燕舞，更有潺潺流水，高路入云端。过了黄洋界，险处不须看。　　风雷动，旌旗奋，是人寰。三十八年过去，弹指一挥间。可上九天揽月，可下五洋捉鳖，谈笑凯歌还。世上无难事，只要肯登攀。

【题解】

题曰“重上井冈山”，此“重上”，对于“初上”而言，1927年9月，毛泽东领导了修水、铜鼓、安源的“秋收起义”。在三路义军向平江、浏阳、萍乡推进时，毛泽东曾写《西江月·秋收起义》以志之（见本书“副编”）。由于敌众我寡，起义受挫。经三湾改编，毛泽东率工农革命军第一军第一师第一团（共700多支枪，不足千人）于10月初进抵井冈山。井冈山地处罗霄山脉中段，介于湖南酃县和江西宁冈、遂川、永新四县之交，总面积四千平方公里。1928年4月，朱德、毛泽东两支红军会师井冈山，从此中国共产党领导的武装斗争有了一个坚固的根据地。1965年5月，毛泽东视察大江南北，从长沙驱车，重回井冈山。5月22日，他先后至黄洋界与茨坪，故地重游，38年一弹指，抚今追昔，于5月25日写下这阕词。

【注释】

[弹指]“一弹指”省称。佛家以“一弹指”极言时间短暂。《翻译名义集》:“壮士一弹指顷六十五刹那。”

[九天揽月]语本李白《宣州谢朓楼饯别校书叔云》:“俱怀逸兴壮思飞,欲上青天览明月。”

[五洋]指地球之太平洋、大西洋、印度洋、北冰洋。代指全球。

[“世上无难事”句]化用古俗谚:“世上无难事,只怕有心人。”见明王骥德《题红记》。

【品评】

此为记游词。旧地重游,感慨颇多,故又为遣兴词。何谓触景生情?诵此章可以尽知。

上阕目中之“景”,下阕心中之“情”,此大势。但细细品味,“景”又非纯景,“情”又非纯情也。景情浸濡,了不可分。

“久有凌云志,重上井冈山”,是典型的以“情”带“景”语。“久”暗示初上井冈之日,“凌云志”则在登高义外含举大事义。“重上”一语,重墨点题,统领上阕所有景语。“故地”而“新颜”,并非水光山色,由战地变福地,由败势成胜势之谓也!

下阕,从景中浮出,直入一个“遥想当年”的思维青空。“风雷动,旌旗奋,是人寰”三句,容量最大。九个字,扫描了诗人全部的革命经历,也概述了共产运动在中国的勃然态势。只能这么说,越简约越好!奋斗、牺牲、胜利,诸多画面,迭入历史也迭入记忆。“三十八年”,“弹指一挥”,不能光理解为“今非昔比”,其中的时间忧叹,只有过来人才知!

“可上”以下五句,皆壮语,皆猛进语,皆励人振作语。对于毛泽东而言,这是一份“老骥伏枥,壮心不已”的情怀;对于每一位吟咏者而言,这是一份难得而有益的点化。说“点化”,是基于对人智力差异的承认。“无心人”与“有心人”不同,“居下游”与“肯登攀”不同。这位革命长者的殷殷之意,谁领会,谁受益。

难得豪情!难得老来豪情!毛泽东写作这首词时,已经七十有三!贵在不消沉!贵在老来不消沉!诵词而亲人,我们又走近毛泽东一步。

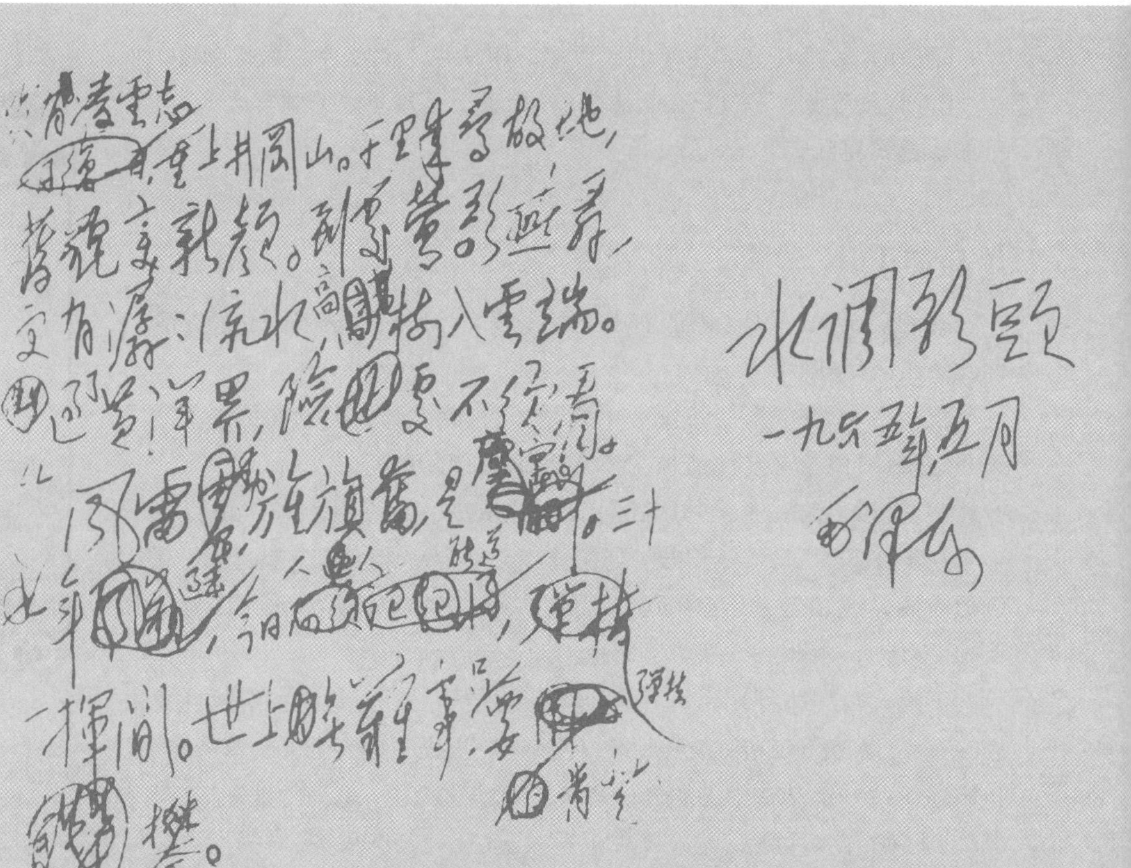

水调歌头 · 重上井冈山（手迹之一）

念奴娇·鸟儿问答

（一九六五年秋）

鲲鹏展翅，九万里，翻动扶摇羊角。背负青天朝下看，都是人间城郭。炮火连天，弹痕遍地，吓倒蓬间雀。怎么得了，哎呀我要飞跃。　借问君去何方？雀儿答道：有仙山琼阁。不见前年秋月朗，订了三家条约，还有吃的，土豆烧熟了，再加牛肉。不须放屁，试看天地翻覆。

【题解】

词题之“鸟儿”，是一只“蓬间雀”。两千多年前，它在《庄子·逍遥游》的天地里自由飞翔，曾经和蜩（蝉）一齐嘲笑那只展翅九万里的鲲鹏不该高翔南冥。它又曾自得其乐地矜夸：我腾跃而上，不过数仞而下，翱翔蓬蒿之间，这就算飞得不低了！其种绵绵，生息于今，仍然还是在蓬间飞跃。

毛泽东捕捉到这雀儿的一飞一鸣，写入词中，也算立此存照。其所指，盖为苏联领导人赫鲁晓夫之流。20 世纪 60 年代初中苏交恶，苏联撤专家而毁合同，给中国造成巨大损失。1963 年 8 月 5 日，苏又与美国、英国签订了《禁止在大气层、外层空间和水下进行核武器试验条约》。禁核无可厚非，但在核大国已具核打击能力，且不再需要大气、外空间及水下试验后签订此条约，其目的即是为了缚人手足。作为共产盟友，赫鲁晓夫此举，形同背叛与出卖。1964 年 10 月，赫鲁晓夫下台，但苏联政策未变。毛泽东 1965 年秋填此词，主旨在嘲讽国际共运中的机会主义者。

【注释】

[“鲲鹏”句]取《庄子·逍遥游》：“北冥有鱼，其名为鲲。鲲之大，不知其几千里也。化而为鸟，其名为鹏。鹏之背，不知其几千里也；怒而飞，其翼若垂天之云……”此处之鲲鹏，为正面形象，与《蝶恋花·从汀州向长沙》“鲲鹏”所指不同。

[蓬间雀]生于蓬蒿间小雀。雀类颇多，此处或指蒿雀。《本草拾遗》谓：“蒿雀……似雀，青黑，在蒿间，塞外弥多。”

[仙山琼阁]泛指传说中神仙居处。

[三家条约]指美、英、苏三国于 1963 年 8 月 5 日在莫斯科所签《禁止在大气层、外层空间和水下进行核武器试验条约》。

[土豆·牛肉]讽刺赫鲁晓夫提出的“一盘土豆烧牛肉的好菜”式的“福利共产主义”。

【品评】

运用“古典”创作出具有现代“国际”意义的诗篇，是这阕词的构思特征；“大雅”与“大俗”相揉，则是这阕词的造语特征。

上阕，入句便写“鸟”。但那是与“雀儿”对立的大鸟“鲲鹏”。正如唱戏，正派的主角先行亮相。此谓先声夺人，早立主脑也。“鲲鹏展翅，九万里，翻动扶摇羊角”，皆《庄子》书语。借古喻今，谁可当这？留一份惊叹即可。“背负青天”以下七句，皆“鲲鹏”视角，亦诗人视角。无形中，诗人已升到俯视人寰的高度。人间不太平，有“炮火”、“弹痕”证之，亦有蓬雀惊飞、惊叫可证。“怎么得了，哎呀我要飞跃”是极口语化的拟声。词中难得有此大俗之语。诗人胆子大，信手拈来，皆有声色！

词题为“雀儿问答”。尚未“问”，雀已叫，此雀大抵是惊弓之雀无疑。与“鲲鹏”对立，“雀儿”已活灵活现。

下阕，正面展示“问答”。“借问”句，主体为“鲲鹏”，但精神上不排斥诗人介入。“雀儿”的回答，是“仙山琼阁”。仅此，已知“雀儿”

的自欺欺人。“仙山琼阁”，只在虚无缥渺间，谁欲往，谁上当。秦皇汉武可算古例。雀儿不悟，兀自矜夸，从“三家条约”，说到“土豆牛肉”。“土豆”、“牛肉”语，又是大俗大白之语。让人联想到赫鲁晓夫的信口开河，粗话连篇。结语“不须”二句，是“鲲鹏”斥“蓬雀”语。听不下去，打断话头，当头棒喝，以俗对俗，以粗对粗，这叫以其人之道，还治其人之身！

毛泽东一定胸有怒气，不吐不快。不然，他不会在词中加入粗话詈词。诗之用词，温柔敦厚惯了，一“俗”便让人大吃一惊。其实，俗语入诗，古今无限，只要好，只要巧。

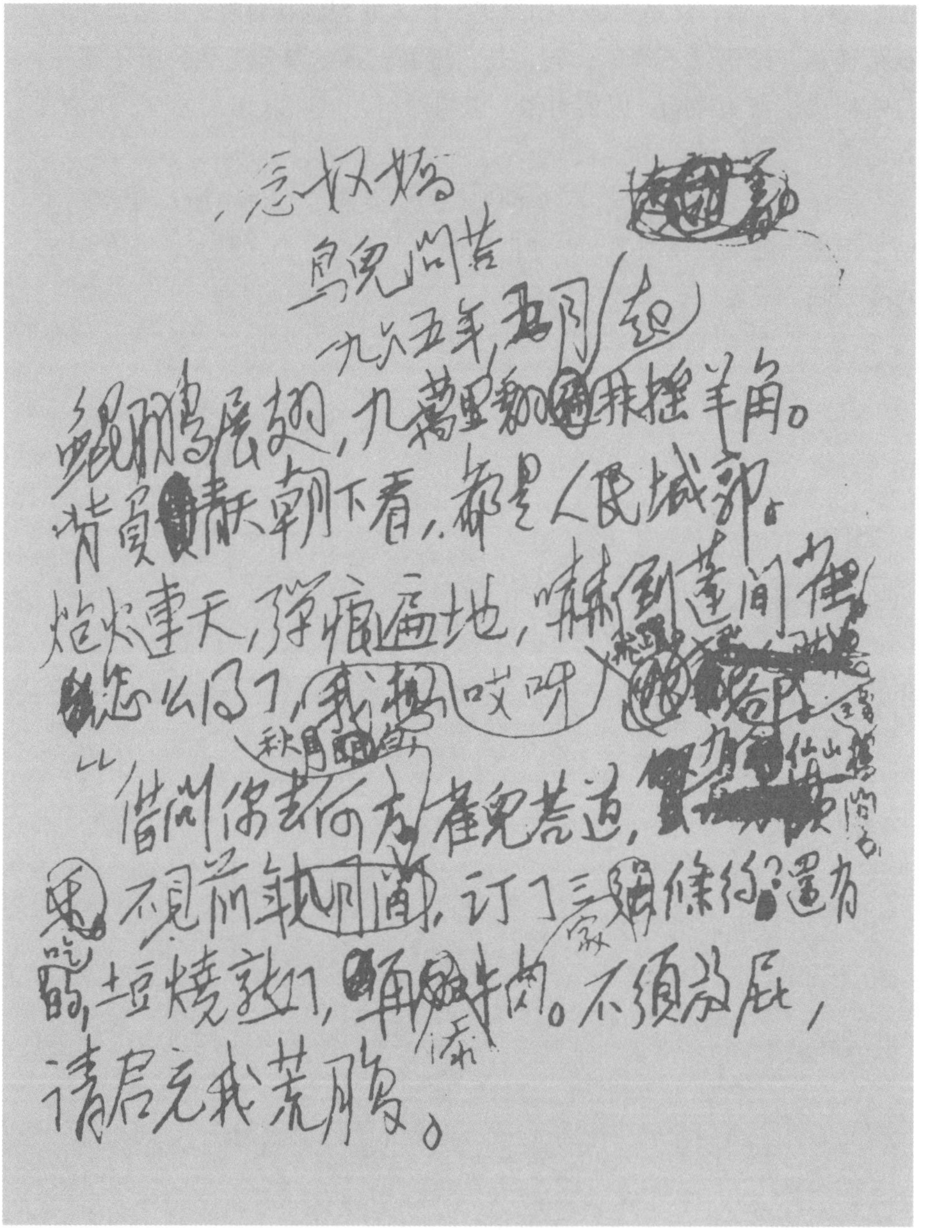

念奴娇 · 鸟儿问答（手迹之一）

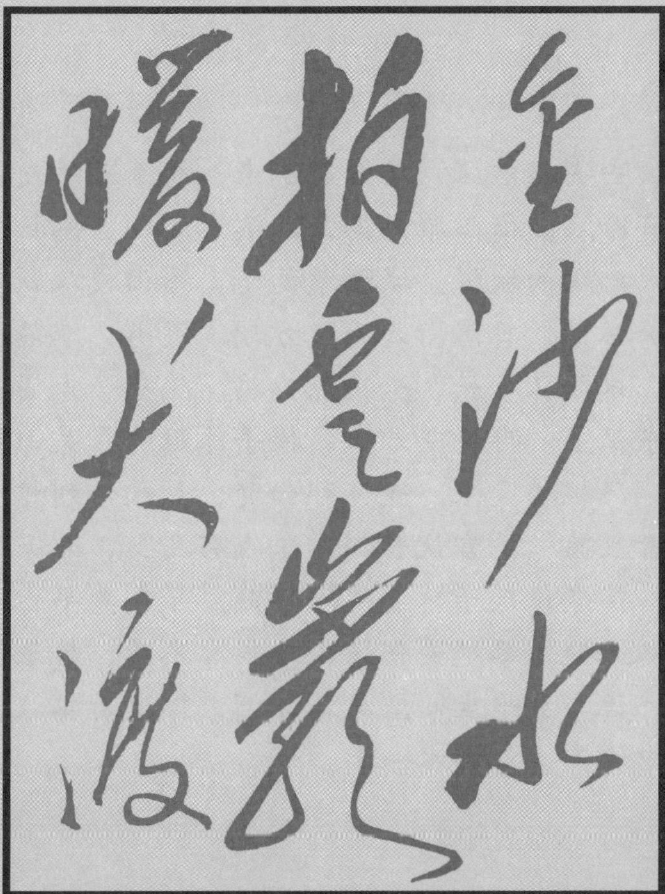

副　编

五古·挽易昌陶

（一九一五年五月）

去去思君深，思君君不来。愁杀芳年友，悲叹有馀哀。衡阳雁声彻，湘滨春溜回。感物念所欢，踯躅南城隈。城隈草萋萋，涔泪侵双题。采采馀孤景，日落衡云西。方期沆瀣游，零落匪所思。永诀从今始，午夜惊鸣鸡。鸣鸡一声唱，汗漫东皋上。冉冉望君来，握手珠眶涨。关山蹇骥足，飞飙拂灵帐。我怀郁如焚，放歌倚列嶂。列嶂青且茜，愿言试长剑。东海有岛夷，北山尽仇怨。荡涤谁氏子，安得辞浮贱。子期竟早亡，牙琴从此绝。琴绝最伤情，朱华春不荣。后来有千日，谁与共平生？望灵荐杯酒，惨淡看铭旌。惆怅中何寄，江天水一泓。

【五古】

五言古体诗，一句五字，偶尔在五言句中亦可杂以非五言句；诗韵、平仄无硬性限制。此诗为毛泽东早期诗作，最初发表于湖南第一师范学校油印的《易君咏畦追悼录》，后收入《毛泽东早期文稿》（湖南出版社1990年版）。易昌陶，字咏畦，湖南衡山人，湖南省立第一师范学生，毛泽东同班同学和挚友。1915年3月，易昌陶在家中病故。5月23日，学校为他召开了追悼会。毛泽东写了这首诗悼念他。

【注释】

[芳年友]青春少年之友。

[衡阳雁]衡阳有回雁峰。传说北雁南飞至此即止，古诗多所咏叹。

[春溜]春水。溜，迅急水流。

[涔泪]不断流淌之泪。

[双题]双颊。

[沆瀁]犹汪洋，水深广状。

[汗漫]本义为漫无边际，此处指漫步。

[岛夷]古代指分布中国东部沿海岛屿上的部族。此指日本。

[北山尽仇怨]诗中指沙皇俄国。

[“子期”句]钟子期，春秋楚国人，精于音律。“牙”指伯牙，春秋时琴师。伯牙鼓琴，子期知其志在高山流水。子期亡，伯牙以无知音，毁琴绝弦，不复近律。

【品评】

挽悼之作，皆为对亡灵语。不期幽冥，求“真”为第一要义。毛泽东的这首少年之作，一挥40句，是已知诗词中最长的一首。在自由的放歌中，直抒痛失芳友悲情。

稍注意即发现，此诗八句一韵，共用五韵。如果将同韵视作一体，全诗当可分成五首短诗，且是“形似”五律的五首短诗。以“律”考之，又非“律”。所以可加判定：此诗是介于律、古之间，属于过渡形态的东西，是青年诗人的见习之作。

“去去思君深，思君君不来。”起势近似《古诗十九首·行行重行行》之“行行重行行，与君生别离”。这种开篇，极俚极雅。“君不来”者，君已逝也，与题目之“挽”相拍合，这定下了悲怆基调。但尤应触意者，为“悲叹有馀哀”句。此句与《古诗十九首·西北有高楼》之“慷慨有馀哀”仿佛，但却是曹植《七哀诗》成句。此句在《七哀诗》里也恰在第四句位置上。有馀哀是对“七哀”而言。《韵语阳秋》曰：“病而哀，义而哀，感而哀，悲而哀，耳目闻见而哀，口叹而哀，鼻酸而哀，谓一事而七者具也。”“七哀”实为人生集哀，曹植、王粲、张载皆有《七哀》

诗行世。毛泽东引《七哀》诗句入诗，可知其哀之深与“馀哀”之重。

为了对此诗进行程序性把握，读者最好分韵成节，一节一义，自为捷径。

第一节，八句，结于“南城隈”。扣首句“思君深”，可视为“思友”。第二节，八句，结于“惊鸣鸡”，扣“永诀”，可视为“别友”。第三节，八句，结于“倚列嶂”，扣“郁如焚”，可视为“悲友”。第四节，八句，结于“从此绝”，扣“子期亡”，可视为“念友”。第五节，亦八句，至结尾，扣“荐杯酒”，可视为“祭友”。

易昌陶之不幸，其寿不永。

易昌陶之大幸，其名不灭。

他万万想不到，平日里与好友毛泽东列嶂论剑的笑谈，日后都被毛泽东一一实践。

穿过尘封的岁月，重新玩味这首挽诗，人们竟意外地发现，借着对一个朋友的挽悼，毛泽东涵育了他深广的忧国忧民之情。

在诗艺上，这首诗呈现了舒缓、沉稳、不事雕饰的浩然气象。当然，与其成熟期的诗作相比，这首诗还欠缺名言警句，尤其欠缺独特的艺术发现。但不能要求每一位大诗人的处女作都是一座高峰。

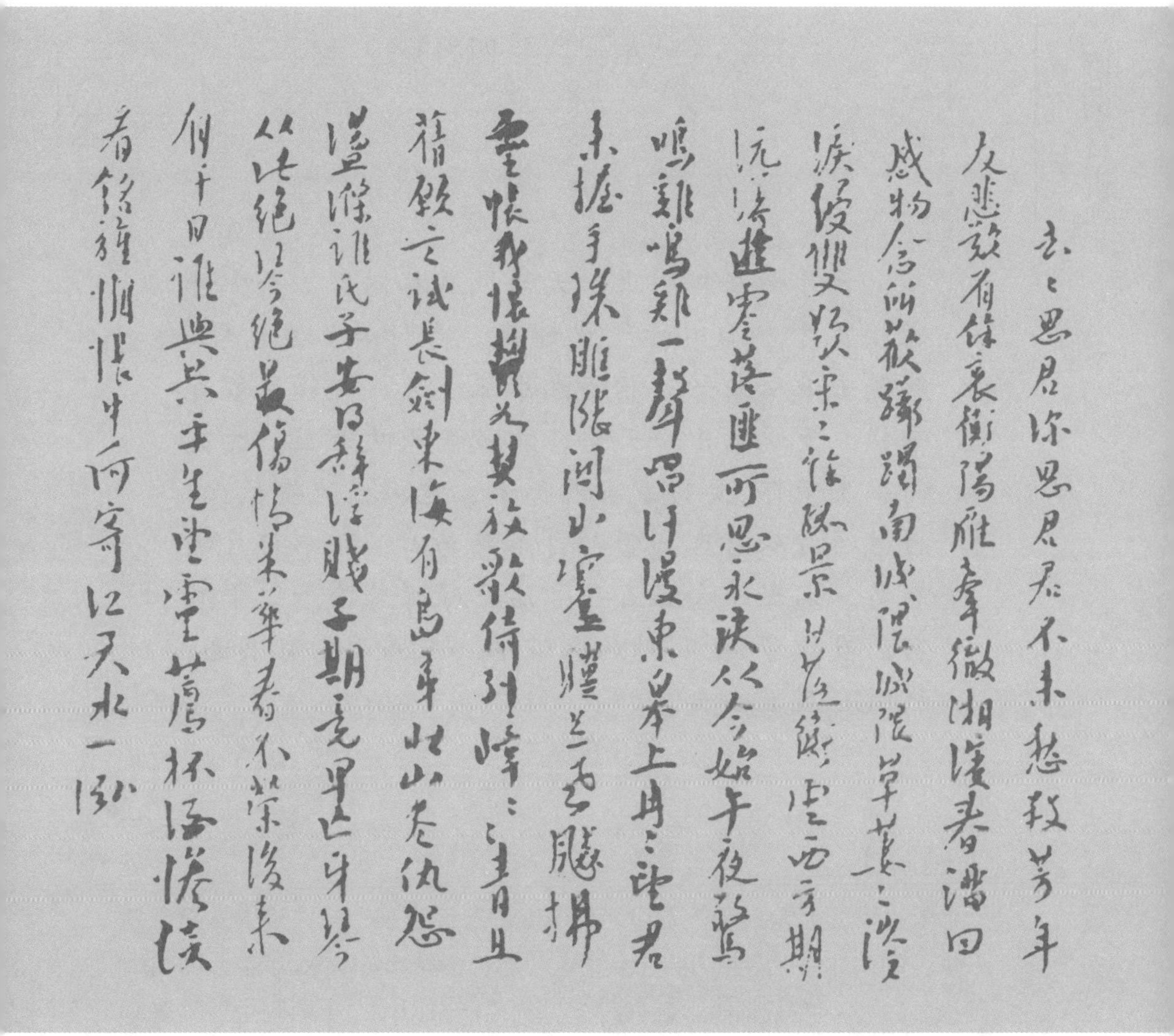

去去思君深思君君不来愁杀芳年
友悲叹有余哀衡阳雁声彻湘滨春溜回
感物念所欢踯躅南城隈城隈草萋萋涔
泪侵双题采采余孤景日落衡云西方期
沆瀣游零落匪所思永诀从今始午夜惊
鸣鸡鸣鸡一声唱汗漫东皋上冉冉望君
来握手珠眶涨关山蹇骥足飞飚拂
灵帐我怀郁如焚放歌倚列嶂列嶂青且
蓓愿言试长剑东海有岛夷北山尽仇怨
荡涤谁氏子安得辞浮贱子期竟早亡牙琴
从此绝琴绝最伤情朱华春不荣后来
有千日谁与共平生望灵荐杯酒惨淡
看铭旌惆怅中何寄江天水一泓

五古·挽易昌陶（手迹之一）

七古·送纵宇一郎东行

(一九一八年四月)

云开衡岳积阴止，天马凤凰春树里。年少峥嵘屈贾才，山川奇气曾钟此。君行吾为发浩歌，鲲鹏击浪从兹始。洞庭湘水涨连天，艟艨巨舰直东指。无端散出一天愁，幸被东风吹万里。丈夫何事足萦怀，要将宇宙看稊米。沧海横流安足虑，世事纷纭从君理。管却自家身与心，胸中日月常新美。名世于今五百年，诸公碌碌皆馀子。平浪宫前友谊多，崇明对马衣带水。东瀛濯剑有书还，我返自崖君去矣。

【题解】

七古，即七言古诗。是律绝形成之前已经出现，且在格律方面无划一规范的诗体。“纵宇一郎”为罗章龙化名。罗章龙 1896 年生，湖南浏阳人，1915 年在长郡中学读书时，见到毛泽东以“二十八画生”签署的“征友启事”与毛泽东相识，二人通信，罗用此化名。1918 年 4 月 14 日，新民学会成立，毛泽东、蔡和森、罗章龙等 13 人与会。

就在此时，罗准备东赴日本。毛泽东以“二十八画生”化名写此诗送别。因为在日本发生警察殴打中国学生事件，罗东行未果。罗章龙不久入北京大学，参加发起组织北京大学马克思学说研究会和共产主义小组，曾任中共北京大学支部书记及中共北方区委委员，被选为中共三届、五届中央委员和四届、六届中共候补委员，几度沉浮，共和国时代曾任湖南大学、湖北大学教授。

【注释】

[衡岳] 湖南衡山。自隋开皇九年称南岳，故谓衡岳。

[天马凤凰] 指长沙湘江西岸、岳麓山东南的两座小山。

[屈贾] 战国时期的屈原与汉代贾谊。

[稊米] 稊草之实，形如小米。《庄子·秋水》："计中国之在海内，不似稊米之在太仓乎？"

[沧海横流] 喻形势动荡。《谷梁传序》："孔子睹沧海之横流，乃喟然而叹曰：'文王既没，文不在兹乎？'"

[世事纷纭从君理] 罗章龙在《回忆新民学会（由湖南到北京）》一文中首次披露此诗时，自感有负故人（毛泽东）厚望，将此句改作"世事纷纭何足理"。后来同意恢复原句。

[日月常新美]《礼记·大学》："汤之盘铭曰：'苟日新，日日新，又日新。"

[碌碌皆馀子] 典出《后汉书·文苑列传》："（祢衡）常称曰：'大儿孔文举，小儿杨德祖，馀子碌碌，莫足数也。'"

[平浪宫] 指为罗氏饯行之地，位长沙城北。

[崇明对马衣带水] 谓中日近邻，一衣带水。崇明，长江口崇明岛，对马，日本对马岛。衣带水，即一衣带水。语出《南史·陈本纪下》，隋将渡江伐陈，文帝谓高颎曰："我为百姓父母，岂可限一衣带水不拯之乎！"

[我返自崖君去矣]《庄子·山木》："送君者皆自崖而反，君自此远矣。"

【品评】

有朋将远渡东瀛，设宴而饯别，岂可无诗？毛泽东一挥而就，遂有此壮行之章。

诗意如流水，波浪滚滚，本无强行分章分节之必要。若分之，必有见仁见智之别。

开篇两句，“云开衡岳积阴止，天马凤凰春树里”，为空间展示，隐透季节色彩。借此表明送别罗章龙的时间（春天）、地点（长沙）。冬去春来，云开雾散，心情亦是明朗热切的。

从第三句开始，触及被送对象。“少年峥嵘”，是写罗章龙的，“屈贾才”，是比拟罗章龙的。“山川”一句，逆推岁月，将历代湖湘才俊均与“山川奇气”搭上关系。“君行吾为发浩歌”，直接点题，亦开始直抒胸臆。以下诸句，皆扣“浩歌”而低昂。有期许（“鲲鹏击浪”），有祝愿（“巨舰直东指”），有慰勉（“要将宇宙看稊米”），有夸赞（“世事纷纭从君理”）有嘱咐（“管却自家身与心”），有希望（“胸中日月常新美”），还有对数百年间碌碌诸公的蔑视，而暗含的隐义则是：五百年必有王者兴，“名世”者，舍我其谁？

一路“浩歌”，尽真情真谊真语。诗人尚感不足以尽意，故在全诗收尾处直诉“友谊”：“平浪宫前友谊多，崇明对马衣带水。东瀛濯剑有书还，我返自崖君去矣。”“衣带水”指距离不阻友谊，“濯剑”句则通过勉励的形式将诗人与罗章龙的友谊定格在奋斗救国的层面上。“濯剑”，非“洗剑”，“磨剑”之谓也。后来，毛泽东曾咏叹“安得倚天抽宝剑”，大抵发轫于此。

这首诗，以送别为线索，将“送别语”与“自励语”融汇于一，形成了它坦坦抒情的风格。春天里，阳光下，青年人，一杯酒，千里别，发浩歌，这还有什么隐晦的呢？说于人的话，都是说于己的，这就使送别诗有了自白自诉的仪态。“丈夫”以下八句，皆可视为毛泽东临歧抒怀之章。

又，这首诗多写大物（鲲鹏、巨舰）、大景（沧海、日月）、大情致（发浩歌、看宇宙），此又与诗人眼光、心胸有关。

虞美人·枕上

（一九二一年）

堆来枕上愁何状？江海翻波浪。夜长天色总难明，寂寞披衣起坐数寒星。　　晓来百念都灰尽，剩有离人影。一钩残月向西流，对此不抛眼泪也无由。

【题解】

“虞美人”词牌，当源于项羽美人虞姬的故事。此牌双调，56字，上下阕同，各用两韵，一仄一平。末句上六下三或上二下七。或因李煜用这词牌写过“恰似一江春水向东流”的名句，故此牌还叫“一江春水”，另有“虞美人令”、“忆柳曲”诸名。这首词最早发表于1994年12月26日《人民日报》。词题标“枕上”，谓枕上相思。此毛泽东思念妻子杨开慧之作。二人相识于1913年，七年相恋，1920年冬结婚。婚礼极简，杨开慧携行李住入第一师范附小毛泽东宿舍；当晚，花六枚银元办一桌宴席，招待至亲好友。杨开慧说：“我也有这样的幸运，得到了一个爱人”；“我觉得我为母亲所生之外，就是为了他”。这从妻子的感受，印证丈夫的思念，诚为不虚。1921年夏，毛泽东与何叔衡东下上海，参加中共建党大会，与杨开慧暂别，仍可谓“新婚别”也。

【注释】

[离人] 指杨开慧。

[残月] 夜残天将晓之月。

【品评】

《枕上》一词，为夫妻相思语。此类内容古代俗称“闺情艳语”。其实，妻思夫，夫思妻，皆人之大伦，其情也纯，其语也切，向为词林妙语中最少虚饰的一类。

“堆来”二句，直入本题，直诉衷肠，是一种痛快淋漓的写法。“愁”字，为全篇关键；本虚物，却用“堆来”形容，“愁”之可视、可触、可感已迫得诗人夜不成眠也！复以“江海翻浪”拟之，又画出了诗人的辗转反侧。愁人知夜长，故有披衣、起坐、隔窗、数寒星之一系列动作。上阕还要注意“寒星”二字，此“寒星”，非寒夜之星，乃愁人目中闪烁青辉之星。

下阕，仍紧扣“愁”字，描摹月落天晓，愁思百端，无法排遣，唯有泪流的情状。“百念”，状思念之深；“百念”消去，“人影”尚在，则状“印象”之深。此所谓刻骨铭心之思也。

毛泽东诗词最少言“愁”。不是无愁，而是独特之历练让这位伟人看淡了让一般人难以承受的哀苦。此词写于早期，故保留了可贵的少年真纯。爱情是人生，分离是人生，故离愁亦是人生；敏锐地感受离愁，分明又是对生命的珍视。

后来，1930年杨开慧牺牲。新婚后的短暂离愁，终于扩展为永诀之憾。毛泽东没留下悼亡诗，这是一个谜。直到共和国初期，他才在《蝶恋花·答李淑一》中含蓄一叹：我失骄杨！真可谓欲说还休。

在诗艺上，本篇以个性化的取舍，成为毛泽东“水”的“意象系列”的发端。江、海、波、浪的意象在本篇中起到“以实映虚”作用，延成惯势，诗词写“水”，是毛泽东的偏好。湘江“碧透”，九派“茫茫”，金沙水“暖”，大渡波“寒”……一无例外地展示了诗人的云水胸襟。古人论诗，或谓“胸有丘壑”；吾谓毛泽东诗词，则“胸有波涛”无疑。

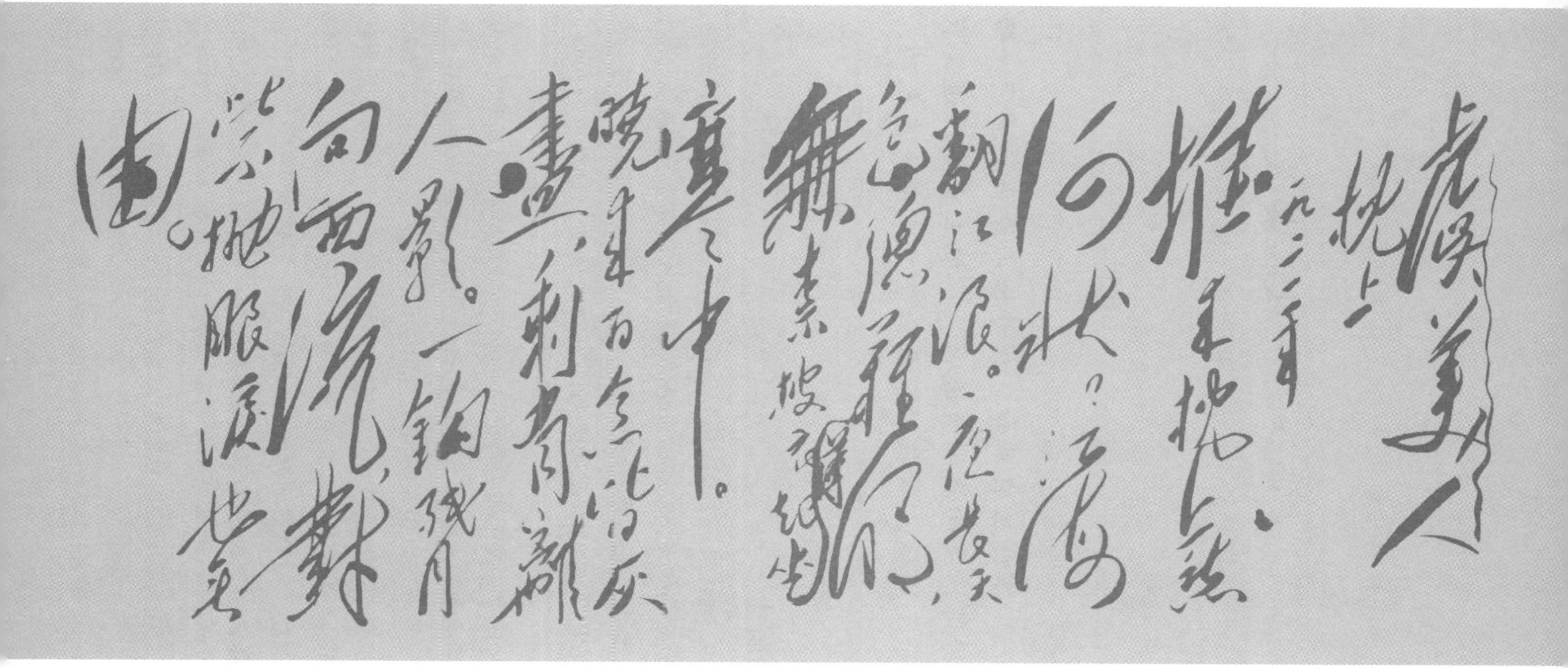

虞美人·枕上（手迹之一）

西江月·秋收起义

（一九二七年）

军叫工农革命，旗号镰刀斧头。匡庐一带不停留，要向潇湘直进。　　地主重重压迫，农民个个同仇。秋收时节暮云愁，霹雳一声暴动。

【题解】

1927年，四一二政变和七一五政变后，国共两党的合作破裂。“七四”中共政治局扩大会议经过改组的临时政治局常委会（五人：张国焘、周恩来、李立三、张太雷、李维汉）断然决定三件事：拟在南昌举行军事起义；在秋收时节，组织湘鄂粤赣四省农民暴动；召集中央会议，制订新政策。

时任中共湖南省委书记的毛泽东于1927年8月初曾向中央提出《关于湘南运动的大纲》，设想以湘粤边界的汝城县作为起义中心。八七会议后，毛泽东以中央特派员身份回湖南传达会议精神，改组省委，领导秋收起义。9月初，毛泽东在安源张家湾主持会议，部署秋收起义。9月6日，湖南省委决定暴动日期。9月9日，秋收起义在湘赣边界修水、铜鼓、安源三地爆发，形成了三路分别向平江、浏阳、萍乡推进的态势。在这种形势下，毛泽东写成“秋收起义”一词。由于敌强我弱，起义受挫，毛泽东当机立断，命各路部队停止进攻。经文家市会议、三湾改编，毛泽东率秋收起义余部奔向井冈山，建立了中共武装斗争的第一个根据地。

【注释】

[镰刀斧头] 指中共党旗上的标志镰刀、锤子。锤子当时被误认作“斧头”。

[匡庐] 庐山。见七律《登庐山》注。首次发表时作“修铜”，指江西修水、铜鼓。结集时改“匡庐”。

[潇湘] 潇水、湘水，借指湖南。首次发表时作“平浏”，指湖南平江、浏阳。结集时改为“潇湘”。

[同仇] 语出《诗经·秦风·无衣》：“修我戈矛，与子同仇。”

【品评】

秋收起义的直接后果是促成了井冈山革命根据地的建立，它的象征意义是中国共产党开始实施农村包围城市的战略。一首短词，仅仅 50 字，却要表现这历史大事，岂易事哉！然而，这阕词却极具个性地描述了秋收起义的大势。上阕“军叫工农革命”，写红军诞生；“旗号镰刀斧头”，写共产党领导；三、四句，则写起义路线、方向。词语通俗易懂，诵于通衢，贩夫走卒亦能领会。或许，诗人就是要让起义者们载舞而歌之！

下阕，带有追述倾向。状“地主压迫”，用“重重”；状“农民同仇”，用“个个”。言压迫之甚与反抗之烈。此“有压迫必有反抗”之写照。结句“秋收时节暮云愁，霹雳一声暴动”，收煞性点题，并总说秋收起义对于中国形势的影响。“霹雳”，雷电也。有雷鸣，急风随之，骤雨随之，天变，地变亦随之。故全篇收于“霹雳”二字，余声绵绵，余义绵绵。

六言诗·给彭德怀同志

（一九三五年十月）

山高路远坑深，大军纵横驰奔。
谁敢横刀立马？惟我彭大将军！

【题解】

六言诗，为并不多见的古体诗。此诗最早刊发于1947年8月1日《战友报》。

1935年10月19日，中央红军主力越过六盘山，到达陕西保安的吴起镇。

在越过六盘山后，红军即遇到一个新对手：国民党骑兵。在青石嘴，毛泽东亲自指挥，红军三个大队配合，一举消灭国民党骑兵两个连，缴获军马一百多匹。自此，红军有了自己的骑兵部队。之后，又发现东北军及宁夏马鸿宾的三个骑兵团尾追上来。毛泽东命“砍尾巴”，即消灭尾追者。彭德怀受命，指挥一、二纵队为红军主力断后。10月21日在吴起镇外的大峁梁激战一天，红军重创宁夏“马家军”四个团，俘敌700余人，获马千余匹。捷报传来，毛泽东挥毫写下此诗赞扬彭德怀。彭将最后一句改为“惟我英勇红军”。1947年彭德怀指挥西北野战军取得青化砭大捷后，毛泽东又手书此诗一遍，传给前线作战的彭老总。

【注释】

[彭德怀] 湖南湘潭人，生于 1898 年，1928 年参加中国共产党，同年领导平江起义，参加红军，任第三军团总指挥。长征途中，红一方面军主力和军委纵队整编为红军陕甘支队，毛泽东兼任政委，彭德怀任司令员。此诗作时，彭正任此职。共和国时代，授元帅军衔，曾任国防部长，1974 年 11 月 29 日在北京病逝。据《彭德怀自述》，中间两句原为“骑兵任你纵横，谁敢横枪勒马”。

【品评】

三军易得，一将难求。彭德怀在中国红军（包括解放军）将领里，向以勇猛善战著称。这首诗，出于毛泽东之手，虽生发于一次战役，仅展示了一个人生断面，但足以概括彭大将军一生的精神。

全诗绝少衬字虚词，字字精炼，句句奔劲，在节奏感极强的铺叙之后，尤以一问一叹出彩。前两句，皆可两字一顿急读，描写战场地貌和歼敌动势。“谁敢横刀立马”一问，托出了一座全立体雕像，让人仰视不迭。“惟我彭大将军”一叹，作为回答，亦作为礼赞，定格为千古评价。

爱将之心尽现。同志之情尽现。得此“唯一”赞许，彭大将军自可笑慰九泉。

临江仙·给丁玲同志

（一九三六年十二月）

壁上红旗飘落照，西风漫卷孤城。保安人物一时新。洞中开宴会，招待出牢人。　纤笔一枝谁与似？三千毛瑟精兵。阵图开向陇山东。昨天文小姐，今日武将军。

【题解】

“临江仙”，又名“画屏春”、“谢新恩”、“雁后归”、“庭院深深”。双调，60字。前后阕各五句，三平韵。词题“给丁玲同志”，属题赠词。丁玲1932年加入中国共产党，于1933年5月在上海遭国民党便衣暗探绑架，押赴南京，软禁达三年之久，1936年9月，在中共党组织营救下逃离南京，秘密经上海、北平、西安，于11月10日到达陕北保安，中共中央宣传部在一个大窑洞里开会欢迎她。中央领导出席者有毛泽东、周恩来、张闻天、博古等。会后，毛泽东问丁玲打算做什么，丁玲答：“当红军。”随后，丁玲即在前方总政治部工作。毛泽东写了这首词，用电报发往红一方面军，遥赠丁玲。1937年初，中央由保安转移延安，丁玲亦由前方返回，毛泽东复手书此词相赠。

【注释】

［丁玲］原名蒋祎，1904年生，字冰之，湖南临澧人。作家，著有

长篇小说《太阳照在桑干河上》。1986 年去世。

［保安］在陕北，后改志丹县，红军至陕北，中共中央曾驻此。

［纤笔］纤细之笔，此处指丁玲精于描写的文笔。

［毛瑟］指德国毛瑟工厂所造步枪与手枪。厂主为彼得·毛瑟与威廉·毛瑟兄弟，故名。

［陇山］一名陇阪，又称陇坻，为六盘山南段，在今陕西陇县至甘肃平凉一带。

【品评】

词题虽曰“给”，实为“赠”。一见面，即有词相赠，这表明诗人对作家的敬重。洋溢于全词的是欢迎、赞誉之语，这在毛泽东诗词中绝无仅有。

上阕，写开宴会，迎远人。中心词为：宴会、招待。初到陕北，中共党、政、军处境皆艰苦，“宴会”、“招待”事几绝。为迎丁玲，中共中央宣传部出面开“宴会”而“招待”之，党中央主要领导人出席作陪，这礼遇非同寻常。转化为诗歌，“壁上红旗”、“漫卷孤城”这极具浩然气的背景，已经烘托出丁玲到来给这儿的影响。“保安人物一时新”，指丁玲，亦指先于丁玲至此的共产党人。新人群里，又添新人，风云际会，固“一时”之盛也！“孤城”不孤，“孤城”气氛因“新人”而热烈。

下阕，句句赞誉丁玲。“纤笔一枝谁与似？三千毛瑟精兵”，化用孙中山先生语。1922 年 8 月 24 日在《与报界的谈话》中，孙中山曾说：“常言谓：一支笔胜于三千毛瑟枪。”此指文化工作、文化人之重要。毛泽东引用之，是对丁玲的高度重视。“阵图”句，隐指丁玲正在战斗的处所。写作此词时，丁玲“当红军”的愿望已经实现，正随军经甘肃庆阳赶往三原前方司令部。此地属“陇山东”，故称之。结句“昨天文小姐，今日武将军”二语，独出机杼，造语通脱，完全是一种信手拈来气度。“文”对“武”，“小姐”对“将军”，人生巨变，托身于伟大的事业，千古同势。

这首词，以造语活泼为特色。在通俗处，每每出色：“保安人物一时新”固妙，“洞中开宴会，招待出牢人”更妙，咏至“文小姐”、“武将军”，天然无饰，妙手偶得，不言妙而自妙。

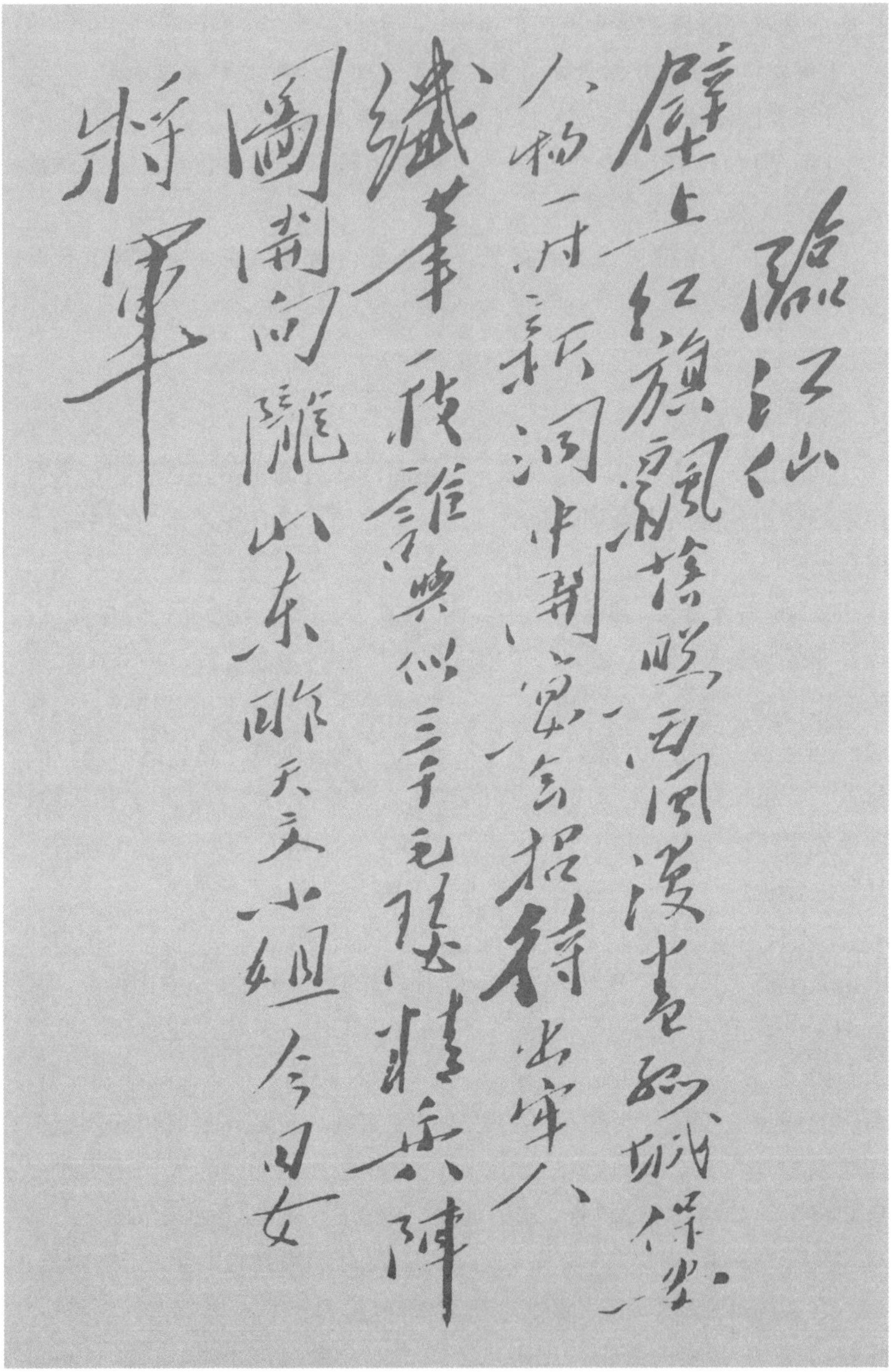
臨江仙
壁上紅旗飄落照
西風漫卷孤城
保安人物一時新
洞中開宴會
招待出牢人
纖筆一枝誰與似
三千毛瑟精兵
陣圖開向隴山東
昨天文小姐
今日女將軍

临江仙 · 给丁玲同志（手迹之一）

五律·挽戴安澜将军

（一九四三年三月）

外侮需人御，将军赋采薇。
师称机械化，勇夺虎罴威。
浴血东瓜守，驱倭棠吉归。
沙场竟殒命，壮志也无违。

【题解】

五律，即五言律诗。句五言，行八句，有严格诗律规范。毛泽东此前未写过五律，此为第一首。挽词，古属悼亡诗一类。戴安澜，为国民党将领，毛泽东写诗挽之，盖为深义焉。1943 年 3 月写作此诗时，距戴将军牺牲已有 14 日。戴将军之死，死于国事，毛泽东深敬之。加之，毛泽东深知“国民党是一个由复杂成分组成的党，其中有顽固派，也有中间派，也有进步派，整个国民党并不就等于顽固派。”（《目前抗日统一战线中的策略问题》）所以，他是将戴安澜将军当做国民党“进步派”、勇士、壮士加以怀念的。

戴安澜（1904—1942)，号海鸥，安徽无为人，黄埔军校三期高材生，1926 年参加北伐，历任连长、营长、团长等职。1933 年参加长城会战，激战古北口，予日军重创，积功升任旅长。1938 年春，参加徐州会战，抗日于鲁南。同年 8 月，参加武汉会战。1939 年出任国民党第五军二○○师师长，率部参加桂南会战，于广西昆仑关正面攻敌，身负重伤，坚持战场指挥，击毙日寇旅团长中村正雄少将以下 4000 余众。1941 年

12 月太平洋战争爆发。1942 年 2 月国民政府派远征军三个军（第五、六、六十六军）十万健儿赴缅增援英军。戴师（第五军二〇〇师）即为一部，入缅后，火速南下。3 月 8 日，二〇〇师先头部队千里跃进，抵达同古（东瓜），接替英缅军第一师之防务。18 日，戴师与日军五十五师团激战，重创之。后又挡住日军步、炮、空联合进攻，迫敌南撤。激战中，戴将军带头立下遗嘱，宣布"如师长战死，以副师长代之；副师长战死，以参谋长代之；参谋长战死，以某某团长代之。"血战 12 昼夜，以牺牲 800 人的代价，歼敌 4000 多人，俘敌 400 多人，掩护了英军撤退，打破了日军北进计划。4 月 23 日，棠吉告急，戴师奉命驰援，激战两昼，克复棠吉。后战局恶化，敌占腊戍，断我退路，戴师向八莫、密支那撤退。5 月 18 日，与敌接战，戴腹受伤，裹伤督战，归途中，5 月 26 日在缅甸北部茅邦殉国，时年 38 岁。

1942 年 7 月 31 日，戴将军骨灰运回广西全州。国民党军事委员会桂林行辕主任李济深主持了万人追悼大会。会上，毛泽东、周恩来、邓颖超均献了挽诗、挽联。1950 年，中央人民政府追认戴安澜将军为烈士。1985 年，中华人民共和国民政部颁发革命烈士证书。

【注释】

［外侮需人御］语本《诗经·小雅·棠棣》。"兄弟阋于墙，外御其务。"笺："务，侮也。兄弟虽内阋而外御侮也。"诗中指国共合作抗日。

［将军赋采薇］谓戴安澜将军出征御侮。《诗经·小雅·采薇》："靡室靡家，猃狁之故。不遑启居，猃狁之故。"诗写戍边将士军旅之苦。

［虎罴］指虎豹熊罴。喻日寇。

［东瓜］又作"同古"。缅甸南部重镇。

［棠吉］地名，在缅甸中部。

【品评】

戴安澜一生功业多矣。此诗仅叙其生命最后一年最后四个月的业绩。人生百年，电闪雷鸣之时不多也。

首联，揭载大背景：抗日卫国。当此国难深重时日，戴将军"赋采薇"，

“御”强寇，固为爱国将军也。“外侮”句，暗用古典。兄弟阋墙，携手御侮，此千秋不易之亲情。用此古典，表示毛泽东已将进步的国民党人视为“兄弟”。这是全诗基调。

颔联概说，颈联细说，展示戴安澜部入缅作战战绩。“师称机械化”，指二〇〇师，为国民党装备较现代化的部队。蒋介石曾向史迪威强调，此次派出部队，为中国军队之精锐。入缅三个军，以第五军（军长杜聿明，下辖第二〇〇师、新编第二十二师、新编第九十六师，及一个游击司令部）战斗力最强，而第五军又以第二〇〇师最强。“勇夺”句，指戴师首战制敌。被击毙的日军大佐横田曾惊呼：“南进以来，从未遭受若是之劲敌。劲敌为谁？即支那部人。”守“东瓜”，克“棠吉”，详见“题解”。这儿，补摘一段戴将军写给妻子的遗嘱，作为毛泽东诗句之注脚最宜：“余此次奉命固守同古，因上面大计未定，与后方联络过远，敌人行动又快，现正孤军奋战，决以全部牺牲，以报国家养育！为国战死，事极光荣！”

尾联，“沙场”“殉命”，“壮志”“无违”，亦事、亦赞、亦叹、亦评。挽诗结于“壮”字，可谓恰当、得体。

这诗，是超越了党派立场的。以民族的立场，民族的情绪，评价民族英雄，诗歌遂从情绪化的词语雪片，结晶为历史铭文。

又：周恩来挽戴将军曰：

　　黄埔之英，民族之雄。

朱德、彭德怀挽之曰：

　　将略冠军门，日寇几回遭重创；

　　英魂羁缅境，国人无处不哀思。

对照而诵之，再发追思。

五律·张冠道中

（一九四七年）

朝雾弥琼宇，征马嘶北风。
露湿尘难染，霜笼鸦不惊。
戎衣犹铁甲，须眉等银冰。
踟蹰张冠道，恍若塞上行。

【题解】

诗题“张冠道中”示此诗为转战途中作。

抗战胜利后，毛泽东曾于 1945 年 8 月 28 日飞赴重庆，与蒋介石就和平建国问题进行谈判。1945 年 10 月 10 日，《政府与中共代表会谈纪要》签署。这一纸协议，未能阻止战争。

1946 年 6 月，国民党军队围攻鄂豫边界的中原根据地，全面内战爆发。

1947 年 3 月，国民党军队投入胡宗南等部 14 万人向中共中央和人民解放军总部所在地的陕西延安地区发动突然进攻。大敌当前，何去何从？出于安全考虑，有人劝毛泽东离开陕北。但毛泽东不愿意。在毛泽东主持下，中共中央决定：刘少奇、朱德等人组成中央工作委员会，去华北开展工作，驻河北省平山县西柏坡；叶剑英、杨尚昆主持中央后方委员会，转移晋西北，统筹后方工作，活动区域在吕梁山区兴县一带；毛泽东、周恩来、任弼时率中共中央和人民解放军总部精干机关，留在陕北，指挥各战场作战。

当时，西北野战兵团(1947 年 7 月改称西北野战军)仅有 2 万多人，由彭德怀、贺龙、习仲勋领导。他们在延安以南进行了六昼夜的顽强阻击，以掩护党中央转移出延安。3 月 18 日晚，毛泽东随最后一批中央机关撤离延安，开始转战陕北。此诗即写于转战初期，或在 3 月 25 日青化砭战役前。

【注释】

[张冠] 地名，当在延安与延川之间。“张冠道”则为路名，路过或到达张冠之路。

[征马嘶北风] 语近《古诗十九首》之“胡马依北风”。《文选》李善注引《韩诗外传》:“《诗》云:‘代马依北风。’”北风，一般指冬日之风。此诗写于仲春，当为陕北当时实景。

[铁甲] 又称“铁衣”，古代作战铠甲。

[银冰] 银色的冰冻。

[塞上行] 唐人翻汉乐府《出塞曲》、《入塞曲》为《塞下曲》，内容多写边塞征戍之事。此取边塞诗意，以增争战气氛。

【品评】

此诗之妙，妙在写实。凡转战“道中”所见，皆一一叙述之、描绘之。有如画师，将沿途所见，付之丹青。由写实，显示从容镇定，显示领袖气度，最后达到不抒情而情自见。

“朝雾弥琼宇”，从“雾”写起，雾境之美，在乎朦胧。接着写“风”:“征马嘶北风”。因为有“雾”，看不甚切，故“风”中传声，马嘶入耳。再写“露”:“露湿尘难染”；再写“霜”:“霜笼鸦不惊”。四句诗，四种气候现象：雾、露、霜、风，四者相融，一幅略显神秘的行军图景隐隐现出。

颈联二句，以“戎衣”、“铁甲”二词与首联“马嘶”相映；以“须眉”、“银冰”二词与雾、露、霜、风的春寒气候相映，推出马、戎衣、铁甲的主人公：战士与诗人自我。

尾联呼应诗题，“恍若”一词，渲染一种心态。张冠道，已近“塞上”，不是“塞上”，故用“恍若”最宜。“塞上行”三字点化，全诗的战阵气、边塞气全出。

毛泽东离开延安时曾发誓：北不过长城，东不过黄河。这首诗，结句落在“塞上行”上，可以视为一种自励、自勉、自戒。

“诗史”之说也久。其实，诗中之“史”，远不是一个完整的“纪事本末”。诗化的历史，仅存碎片，使用多少黏合剂，都难以修复成历史的彩钵。这首诗，也是“史”，在诗情的真实上，它反映了毛泽东坚守陕北的刚性。“踟蹰张冠道”，我自风流！

五律·喜闻捷报

（一九四七年）

中秋步运河上，闻西北野战军收复蟠龙作。

秋风度河上，大野入苍穹。
佳令随人至，明月傍云生。
故里鸿音绝，妻儿信未通。
满宇频翘望，凯歌奏边城。

【题解】

毛泽东诗序谓“中秋步运河上”。查1947年中秋为公历9月29日。“运河”疑误。陕北无“运河”，或为陕西佳县神泉堡附近通黄河的某条小河。断此诗写于“神泉堡”，即依诗序“中秋”二字。因为毛泽东一行8月23日抵佳县朱家寨，住了近一月，于9月21日移住佳县神泉堡。至11月13日才从神泉堡转移米脂县杨家沟。中秋节，只有在神泉堡度过。

自1947年3月18日撤离延安，至收复蟠龙镇，恰恰半年。期间，西北野战军经历了先撤退、再反击的军事转折。3月25日，青化砭伏击战，敌整编二十七师之三十一旅旅部并一个团共2900多人被歼；5月，敌整编第一师之一六七旅主力，在延安东北蟠龙镇被围，守军6700多人被歼；8月，敌整编三十六师之一二三旅、一六五旅进至米脂县沙家店，复被西北野战军围歼；9月中旬，西北野战军主力南下，袭击进犯之敌的“后方”，收复青化砭、蟠龙镇，直接威胁延安之敌。

毛泽东闻蟠龙大捷，欣然命笔，一挥成诗。

【注释】

[蟠龙] 古镇名，在延安东北 35 公里处。

[佳令] 佳节，指本年中秋节。

[鸿音] 指书信。古有鸿雁传书之说，见《汉书·李广苏建传》。

【品评】

此诗与《张冠道中》为姊妹五律。1947 年转战陕北之作，一写于春，一写于秋。诗题冠一“喜”字，暗示了全诗的欣悦基调。

诗的含蓄性在于，即使大喜、特喜之事，化为诗情表述，也不能过分浅露与张扬。此诗表现诗人之“喜”，得其适度之美。

首联“秋风”二句，从大处着墨，秋风、河、大野、苍穹，构成一大空间，侧面展示心境之廓然无累，已为“喜”字预作铺陈。颔联“佳令随人至，明月傍云生”，正面抒发“喜”怀，但极有分寸，极有节制。诗题之“捷报”，在此化为“佳令”，已作收敛。用叙述语，只写“佳令”传到（“至”），便转而状月色。以月“明”映心“明”，以月“生”状喜“生”，深得委婉三昧。这一联，是全诗最自然、最有情致的佳句。

颈联二句，不必坐实强解，何处为“故里”，何人为“妻儿”。诗行衍出，只是表示一种悠长的惦念，终在捷报传来的时刻，稍得慰及而已。这么写，仍然出之含蓄委婉的倾向性追求。尾联一收，始与诗题的“喜”字正面照映，并将个人的心中之“喜”，挥发为“边城”与“满宇”的“凯歌”。“满宇频翘望”一句，不可轻易放过。“满宇”者，普天下，全宇宙也；“翘望”者，举首而望也。“望”什么呢？中秋之夜，只有一轮明月在天！普天下，望明月，意近古人“千里共婵娟”或“万姓仰头看”之旨。这句诗的弦外之音，或许还指：延安安危，天下翘望；革命成败，举世关心。不过，这仅是欣赏者的言外求意，弦外追音。

浣溪沙·和柳亚子先生

（一九五〇年十一月）

颜斶齐王各命前，多年矛盾廓无边，而今一扫纪新元。　　最喜诗人高唱至，正和前线捷音联，妙香山上战旗妍。

【题解】

毛泽东一生写过两首《浣溪沙》，皆为和柳亚子之作。巧的是，柳氏两词皆观剧有感。毛泽东和词，则一无例外地超越了观剧感受，表现了更为宏阔的历史悲欢。

1950年10月4日晚和5日晚，中央戏剧学院舞蹈团在怀仁堂连续演出舞剧《和平鸽》，欧阳予倩编剧，戴爱莲导演兼主演。柳亚子连续两晚观看后，写了一首《浣溪沙》，词云："白鸽连翩奋舞前。工农大众力无边。推翻原子更金圆。　　战贩集团仇美帝，和平堡垒拥苏联。天安门上万红妍！"毛词却迟迟在一月后才"和"。这一月，在亚洲东方发生了一件影响世界的大事，即中国人民志愿军开赴朝鲜，抗击美国等多个国家在联合国旗号下对朝鲜的侵略。大事频频，多由毛泽东决策，故无暇和词也。

为便于理解和词隐义，姑将相关事件胪列如下：1950年6月28日，毛泽东发表讲话，提出："亚洲的事务应由亚洲人民自己来管，而不应由美国来管。"7月13日，中央军委做出《关于保卫东北边防的决定》。

9 月 15 日，美军在朝鲜半岛仁川登陆。9 月 30 日，周恩来发出警告：“中国人民决不能容忍外国的侵略。”10 月初，美军越过“三八线”，大举北进。10 月 8 日，毛泽东发出命令，东北边防军组成中国人民志愿军，待命而动。10 月 19 日，中国人民志愿军跨过鸭绿江，投入“抗美援朝”之战。10 月 25 日，志愿军与敌遭遇，初战告捷，将敌人从鸭绿江边赶到清川江以南，粉碎了敌方“圣诞节结束战争”的美梦。

【注释】

[“颜斶齐王”句] 典出《战国策·齐策》：“齐宣王见颜斶，曰：‘斶前！’斶亦曰：‘王前！’宣王不说（悦）。左右曰：‘王，人君也；斶，人臣也。王曰“斶前”，斶亦曰“王前”，可乎？’斶对曰：‘夫斶前为慕势，王前为趋士，与使斶为慕势，不如使王为趋士。’王忿然作色曰：‘王者贵乎？士贵乎？’对曰：‘士贵耳，王者不贵！’”一引此典，主要指柳亚子与蒋介石的矛盾。

[前线] 谓朝鲜战场。

[妙香山] 妙香山脉的主峰，在朝鲜西北部。

【品评】

这首词的情感基调为一“喜”字。先是听到“前线”之“捷音”，接着读到“诗人”之“高唱”，“高唱”与“捷音”连翩双至，因而“喜”上加“喜”终成“最喜”。这其实是这首小令的诗情引燃程序。但连缀成章，又有另一面目。

上阕，由追述柳亚子与蒋介石矛盾，歌颂新纪元，用典十分贴切。颜斶不慕势，与柳亚子不附蒋，性质相类。借一古人，赞一今人，别开生面。将赞颂之语置于开篇，表示和词作者的一片诚意。下阕，回到现实，后方诗篇，前线捷报，都是让人欣喜的信息；“妙香山”一句，将“最喜”之情推上高潮，诗境由国内推向国外。

作为和词，在主题上二词有联系性。柳词就《和平鸽》一剧生发联想，有反帝反美倾向。毛泽东和词，用反美的战役胜利，坐实反美主题，更进一步。小令虽短，也能表现大主题，《浣溪沙》可证。

七律·和周世钊同志

（一九五五年十月）

春江浩荡暂徘徊，又踏层峰望眼开。
风起绿洲吹浪去，雨从青野上山来。
尊前谈笑人依旧，域外鸡虫事可哀。
莫叹韶华容易逝，卅年仍到赫曦台。

【题解】

周世钊（1897—1976），湖南宁乡人。1913 年他与毛泽东同时考入湖南第四师范。次年，该校并入湖南第一师范，两人一直是同窗好友。1918 年秋季毕业，毛泽东选择革命救国之路，周世钊做了教员。道路虽异，友谊长在。两人同一年辞世，友谊持续 63 年。

1955 年 6 月，毛泽东回到长沙。周世钊陪同毛泽东畅游湘江，之后，同登岳麓山。游罢归来，周世钊有文《难忘的一天》记其事，并赋七律几首。其中《从毛主席登岳麓山至云麓宫》一诗曰："滚滚江声走白沙，飘飘旗影卷红霞。直登云麓三千丈，来看长沙百万家。故国几年空兕虎，东风遍地绿桑麻。南巡已见升平乐，何用书生颂物华。"

诗章随函寄毛泽东。毛泽东于 10 月 4 日写了回信。信中有言："读大作各首甚有兴趣，奉和一律，尚祈指正。"这"一律"，即《和周世钊同志》。

【注释】

[春江] 指湘江。

[层峰] 指岳麓山。

[绿洲] 指橘子洲。详见《沁园春·长沙》注。

[尊前] 酒筵上。尊同“樽”，酒器。

[域外鸡虫事可哀] 鸡虫，杜甫《缚鸡行》：“鸡虫得失无了时，注目寒江倚山阁。”明王嗣奭《杜臆》谓：“鸡得则虫失，虫得则鸡失，世间类此者甚多，故云‘无了时’。”“鸡虫事”或泛言域外纷争，难用利弊得失衡之。无须坐实某国某人。

[赫曦台] 在岳麓山上。传宋代朱熹称岳麓山顶为“赫曦”。赫曦，又作赫羲、赫戏，光明炎盛貌。语本屈原《离骚》：“陟升皇之赫戏兮，忽临睨夫旧乡。”

【品评】

这是一首较为明白晓畅的赠答诗。

周世钊虽为毛泽东昔日同窗，但鉴于今日地位悬殊，仍不自觉地在诗中流露了“称颂”痕迹。“南巡”者毛泽东也，“书生”者周世钊也。

毛泽东和诗，丝毫未摆领袖架子，平等叙友谊，是这首七律的温馨之处。

前四句，记在长沙的这次结伴游历。周诗，首联较空泛，类乎报告“大好形势”。而颔联“直登”“来看”二句，则突兀有势。毛泽东诗，起势用“春江浩荡”四字，场面便大；但他注意敛势，“暂徘徊”三字，亦写江水，亦写行程，使全诗起于顿挫藏锋。此后，“层峰”写岳麓山，“绿洲”写橘子洲，“青野”则为登高所见。一路铺开，有层次，有声色，而且有“乐”在游中的自我口味。

颈联、尾联，告别景物描写，转入促膝谈心式的议论与抒情。“尊前谈笑”与“域外鸡虫”对言，表示了友谊为重的人生达观。这两句诗，诗人已作“倒装”，即“域外鸡虫事”虽然一语难断，不全乐观，但何曾妨碍你我杯酒笑谈？有了如此的故人“笑谈依旧”，下面的安慰、勉励语才真的贴心贴肺。“莫叹韶华容易逝，卅年仍到赫曦台。”“仍到”

云者，只因两人当年“曾到”。赫曦台，犹如“光明顶”，登台一望，百虑尽释，那真是另一种人生境界。

朋友，在历史中走近又走远。难得一生相知。而朋友的对话以平等为有益标尺。因为难得平等，所以才珍视平等。毛泽东与周世钊，用诗歌营造友谊的平台。

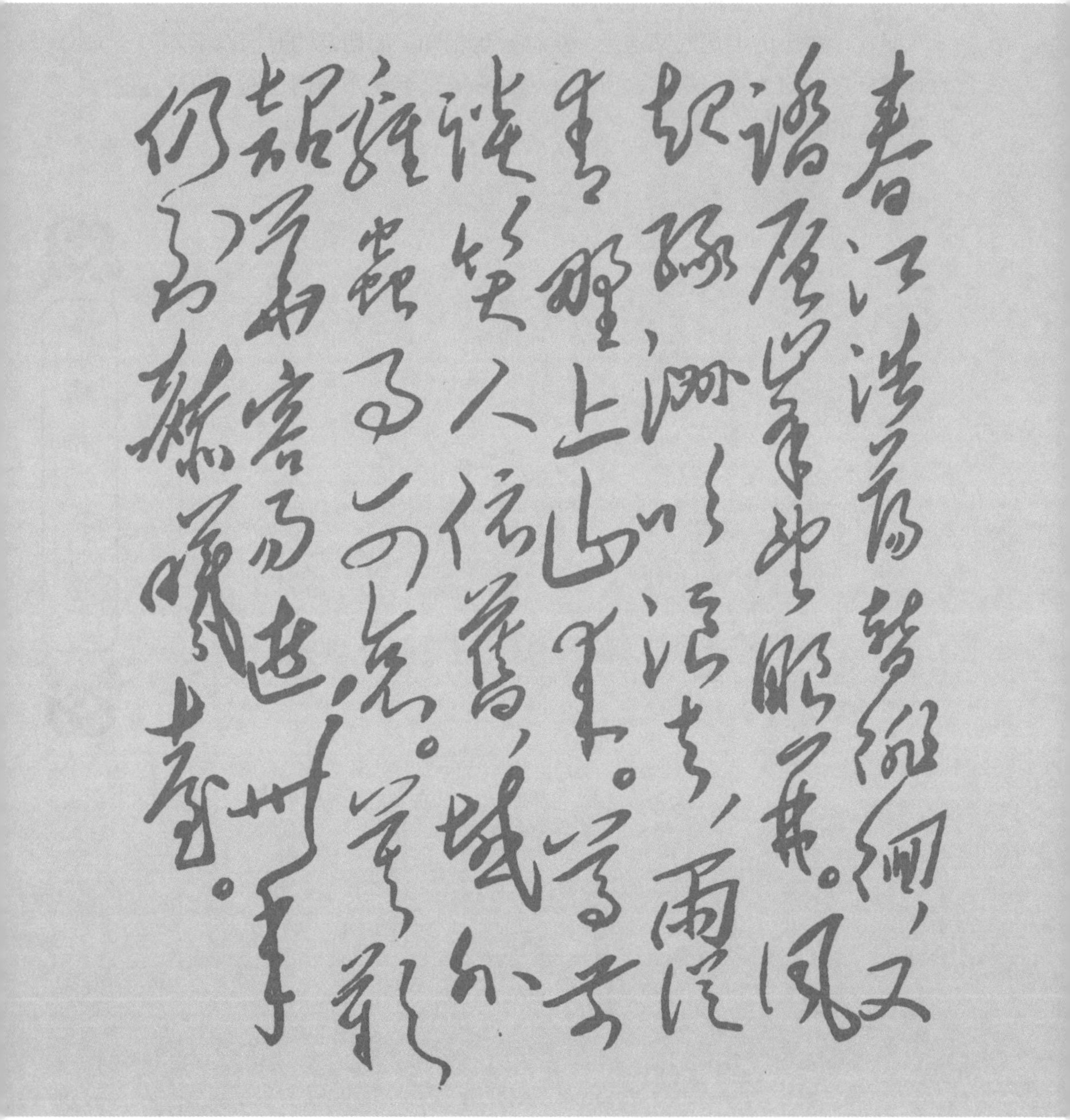
春江浩荡暂徘徊，又踏层峰望眼开。风起绿洲吹浪去，雨从青野上山来。尊前谈笑人依旧，域外鸡虫事可哀。莫叹韶华容易逝，卅年仍到赫曦台。

七律·和周世钊同志（手迹之一）

五律·看山

（一九五五年）

三上北高峰，杭州一望空。
飞凤亭边树，桃花岭上风。
热来寻扇子，冷去对佳人。
一片飘飖下，欢迎有晚鹰。

【题解】

1993年，毛泽东百年诞辰之庆，《诗四首》发表于《党的文献》1993年六期，《看山》为其一。据孙东升《毛泽东在杭州登山赋诗——读新发表的毛泽东〈诗四首〉》一文披露："1955年夏秋之交，毛泽东来到杭州工作、休养，当时他62岁，已是花甲老人了。医生根据他的年龄和身体状况，提出要他多安排一些游泳、爬山、跳舞等活动，以增加运动量，达到健身的目的。""他还多次登临西湖附近名山，一览西湖美景，并留下数首即兴之作。"又据林克《忆毛泽东学英语》一文谓："（毛泽东在杭州）接连攀登了南高峰、北高峰、玉皇峰、莫干山等……在多次攀登北高峰之后，他曾诵诗一首：'三上北高峰……'"

【注释】

［北高峰］在杭州灵隐寺后，与南高峰遥遥相对，为环西湖群山之秀美者。

[飞凤亭] 在杭州东南凤凰山。

[桃花岭] 在西湖附近。

[扇子] 诗人自注，指扇子岭。

[佳人] 原作“美人”，指美人峰。为协律，改定为“佳人”。

[晚鹰] 指灵鹫峰。鹫，鹰属，故称。又名飞来峰。传东晋高僧慧理登此山，说：“此天竺（今印度）灵鹫山之小岭，不知何代飞来。”

【品评】

毛泽东爱水，是出了名的，诗词中内证颇多。同样，他也爱山。“万水千山”皆在心中，如此说，不为过誉。这首《看山》，写于毛泽东一生事业最为顺遂，因而精神状态也最为乐观的时段；其看山情怀最自然、最平和，最具有物我两忘的消闲意境。这在毛泽东诗词中，较为少见。

“三上北高峰，杭州一望空。”起句入题，直写山势，真叫“开门见山”！“三上”，言“一而再，再而三”，表示登而不倦，游而不疲，内心之乐于山水，不言而明。“一望空”，一览无余，尽收眼底意。此为初登峰顶、俯视川原的瞬间印象。

颔、颈二联，坐实诗题之“看”字，或首联之“望”字。诗人开始“指点江山”。随其“指点”，群山秀峰一个个走来。有幸被点额的四座山岭：凤凰山、桃花岭、扇子岭、美人峰。一一呆写，必定索然；诗人运用形象思维，将视觉感受、嗅觉感受与听觉感受结合为一，专写诸山有特征之物。凤鸟择树而栖，故凤凰山写“树”；花香随风，故桃花岭写“风”；扇可吹凉，故扇子岭以“热”状；佳人矜持，故美人峰以“冷”状。拟物复拟人，好一颗体察万物的诗心！

尾联写下山所见。“飘飖”，状其轻松。登高眺远，上四山皆在北高峰外；下山平视，飞来峰遮道而迎；“看山”活动，可谓始终与山相伴！看山，即与山对话。山很静，所以这对话也是安静的。这首《看山》诗，写得自然、明畅，又有委婉、清纯气度，大抵反映了诗人的安闲、舒适，有一种“烈度”的稀释化倾向。

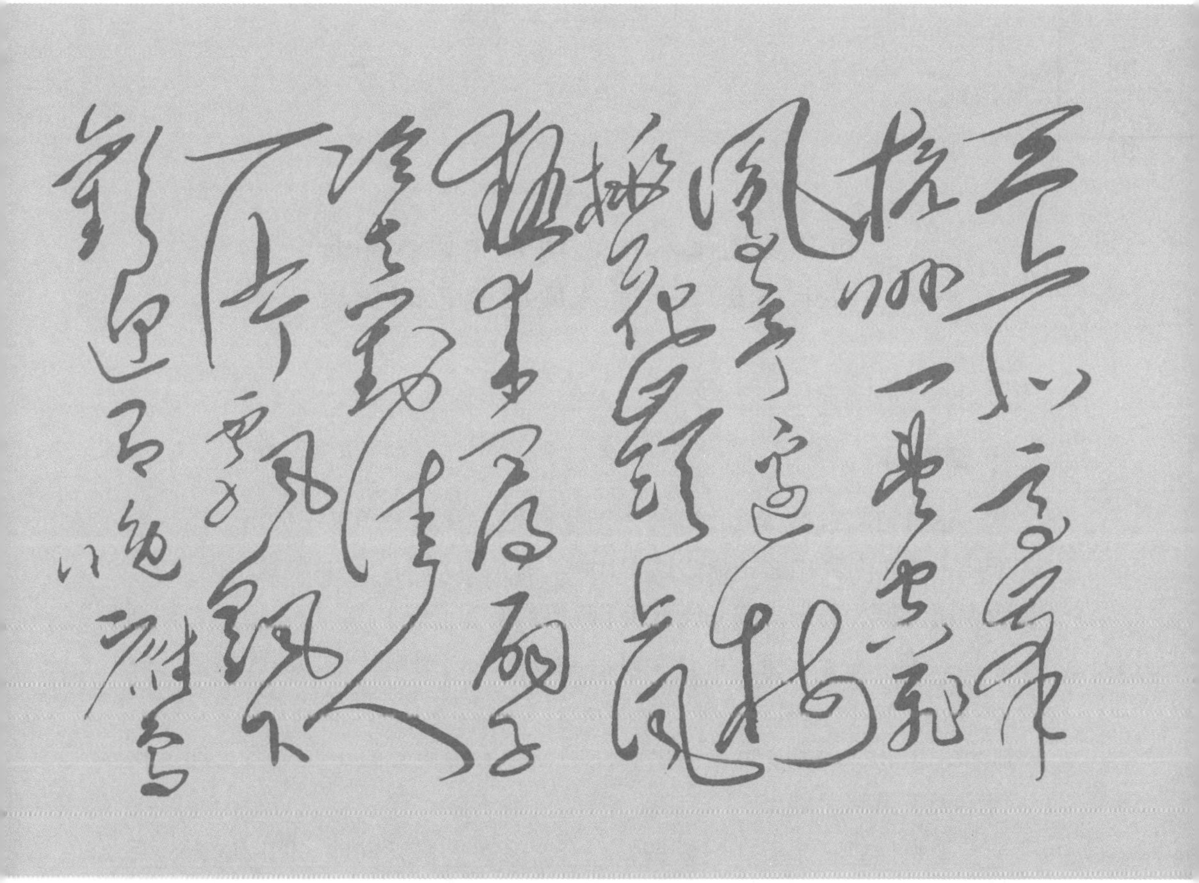

五律·看山（手迹之一）

七绝·莫干山

（一九五五年）

翻身复进七人房，回首峰峦入莽苍。
四十八盘才走过，风驰又已到钱塘。

【题解】

这首诗与五律《看山》写于同年同期，皆为毛泽东在杭州之作。莫干山，浙北天目山之一脉。这一山脉，在春秋时期，正当吴越两国之界，而隶属于吴。吴王阖闾（公子光）听伍员（伍子胥）计，借专诸之力，刺杀吴王僚，坐上王座。他是个雄心勃勃的人，要南胜越，西胜楚，北胜齐，做东方大国之君。当他听说欧冶子为越王铸了五把名剑（湛卢、纯钧、胜邪、鱼肠、巨阙）时，他坐不住了，命人传唤吴国工匠干将，速为我铸出天下最利之剑。

干将作剑，采五山之铁精、六合之金英，候天伺地，阴阳同光，百神临观。

可惜，金属熔化后形成沦漪，难以铸剑，其妻莫邪问其缘由，干将也不知，只言，当年随师学艺，金铁不销，其师夫妇俱入炉中，方造出好剑。莫邪闻言，剪下自己头发、指甲投入炉中，又命三百童男童女鼓橐装炭，金铁乃濡，双剑始成，一名"干将"，一名"莫邪"。干将将雌剑莫邪献于吴王，自留雄剑干将。

因为干将、莫邪铸剑山中，故山以人名，称"莫干山"。山不高，但林泉优美，为避暑胜地。

【注释】

［七人房］指诗人所乘汽车，能容七人，故称。

［四十八盘］指莫干山盘山公路。

［钱塘］又作“钱唐”，指今杭州。

【品评】

毛泽东游莫干山，是否要探寻当年吴王剑气？是否要追索干将、莫邪遗踪？是否要在这天下第一剑问世的风水宝地采一束精诚之气，锻造共和国的倚天之剑？

不知也，难知也，伟人胸怀如谜。

读此诗，我们可以感受到的是一丝留恋、一丝遗憾者何？请看诗句。

诗题“莫干山”，与《看山》不同，这诗专写一山，写山，不从“入山”落笔，偏从“出山”润毫，此乃构思之巧。“翻身复进七人房”，以“房”喻“车”别出心裁。“回首峰峦入莽苍”，为全诗“诗眼”所在。所谓“诗眼”，即“回首”二字。游山结束，登车“出山”，不回首一境界，回首另一境界也明。“回首”所包容的情韵至少有恋恋不舍、游兴未尽、憧憬再游、回味绵绵诸成分。山不动车动，人不动心动，一“回首”，“留恋”出矣，“遗憾”现矣。

用“峰峦莽苍”印象性描述莫干美景，文省约而意含蓄。“四十八盘才走过，风驰又已到钱塘”。这两句诗，字面未留“莫干”之名，但仍为游山笔墨。“已到”钱塘，心中还是“四十八盘”，此谓“放不下”的兴致！

四句小诗，贵在短而有曲，短而有味。以“曲”为例，可谓句句有“曲折”。第一句，由看山转入出山，一“曲”也；第二句，已出山，又回首看山，二“曲”也；第三句，四十八盘，盘盘有曲，三“曲”也；第四句，已到钱塘，还在想山，四“曲”也。曲折之势，皆为强化对莫干山的留恋。

俗语有：“山不转水转”。仿拟此语，我说：“山不行人行。”山是固定因素，人是变动因素，在所有的游山活动中，都是人去朝拜山。这首诗屡屡提到人（诗人）的“动”（“翻身”、“进”、“回首”、“走过”、“到”），而莫干山的“峰峦”，虽融入“莽苍”之记忆，但却永远挺立在那个固定的经纬上。细细品读，能否发现一丝深幽的人生无奈？

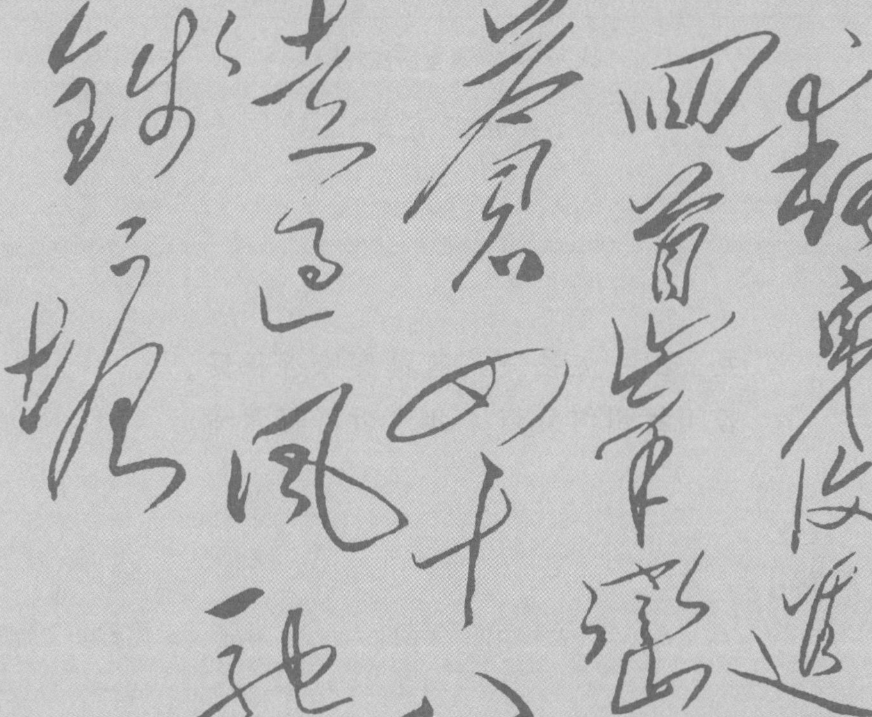

七绝·莫干山（手迹之一）

七绝·五云山

（一九五五年）

五云山上五云飞，远接群峰近拂堤。
若问杭州何处好，此中听得野莺啼。

【题解】

这首诗，与《看山》、《莫干山》写于同一时期，构成了毛泽东的“杭州山色”系列。

五云山，在杭州城西南十公里处。五峰森列，又相传有五色彩云盘绕山顶，故名。山南临钱塘江，北临西湖，山中有云栖寺古刹。五云，原指青、白、黑、赤、黄五种颜色的云朵。古人常以云彩之色，卜测农业丰歉。后来，五色云被视为“祥云”，“祥云”出则天下祥瑞。祥瑞的极致，五云又指帝王居所。

【注释】

[堤] 指钱塘江（浙江）之堤。或谓西湖苏堤、白堤。

[莺啼] 西湖诸景中有“柳浪闻莺”。此诗或由此化出。

【品评】

我们不能断定，毛泽东是为了祥瑞才游五云山的；我们更不会说因为毛泽东登临五云山,五云山才现五云。但五云山上确曾出现过五云,或毛泽东登山时，五云山上真的云霞灿烂，这是有毛泽东诗作为证的。

“五云山上五云飞，远接群峰近拂堤。”一点儿不含糊，诗人落笔便描绘五云山五云。这该是写实。接峰者，高云远云；拂堤者，低云近云。上下远近皆为“五云”所罩，人，自然也在五色云中了！或许，毛泽东笔下“五云”，纯为诗家语。不一定是五色祥云，但以五色祥云视之，以映“五云山”之名耳。总之，这叫正写入题。

“若问”二句,加一设问,将诗情由“五云”荡开,又从“五云”扭转,活脱而出人意料。出人意料处，在其不再与“云”有任何联系。“此中”,当然是此五云山中。一句“野莺啼”，画出云来山空，莺啼涧静的意境。鸟在树上，人在林中，云过无语，鸟驻有声，这是诗人体验的相安共处之境。市上听语易，山中闻莺难。人之一生，几得林中听韵?原以为毛泽东《五云山》为观云诗,未料一变为听莺诗！其实,一个人的听觉如何,即能听到什么、不能听到什么，喜听什么、不喜听什么，都与他的关心重点有关。毛泽东喜听莺语。另一证是《井冈山》一词中的“到处莺歌燕舞”。“莺啼”、“莺歌”都在一定程度上反射出诗人对光明与中平之声的渴盼。

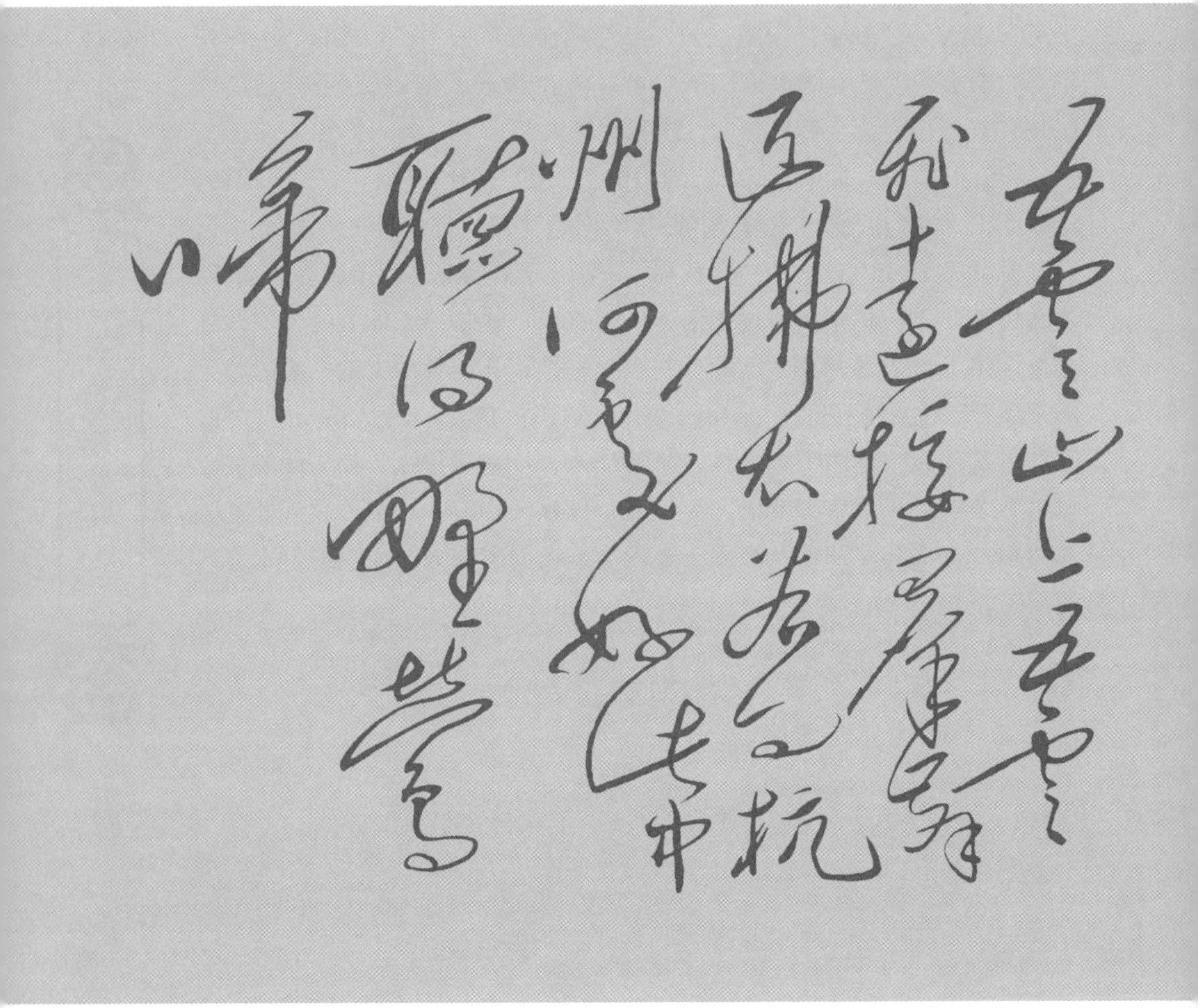

七绝·五云山（手迹之一）

七绝·观潮

（一九五七年九月）

千里波涛滚滚来，雪花飞向钓鱼台。
人山纷赞阵容阔，铁马从容杀敌回。

【题解】

诗题“观潮”，指杭州观钱江潮。

钱塘江潮最猛在农历八月十五至十八日，此为“中秋潮”也。1957年，农历丁酉（鸡）年。此年闰八月，即可过两次中秋节，可观两次潮。毛泽东所观为前八月潮，抑后八月潮呢？看其诗题下注时为“1957年9月”，为前八月潮无疑。

据项伟《毛泽东海宁观潮小记》（见《周末报》载），1957年9月11日（农历八月十八日），毛泽东从杭州来到著名的观潮胜地——浙江海宁盐官镇观潮。因逢传统观潮节，故毛泽东一行选择了镇郊七星庙观潮地。当日11时许，毛泽东一行乘三辆车来到七星庙，在海塘上临时搭起的小帐篷里候潮。毛泽东双目凝视大潮，微笑拍手，众人随之拍手。大潮过后，毛泽东一边坐在椅子上休息，一边向随行人员讲解潮汐生发之理。他说：“南宋的时候，钱江潮可直达杭州，那时我们可以站在吴山上观看。现在钱江喇叭口因为泥沙堆积变小了，所以就跑到海宁来观潮了。”毛泽东观潮前后在海宁逗留两个小时。

【注释】

[钓鱼台] 指富春江钓台。东汉严光隐居处。参见《七律·和柳亚子先生》注。

["铁马" 句] 或从陆游《十一月四日风雨大作》"夜阑卧听风吹雨，铁马冰河入梦来"化出。铁马，配有铁甲的战马。钱江潮起，有人以"十万军声"形容之。

【品评】

毛泽东观潮有感而为诗。潮自为潮，人人所见皆同，因潮生感，人人之感皆异。故欣赏《观潮》，以触摸诗人真情实感为上。

这首诗，写了两种"潮"。

一、二句，"千里波涛滚滚来，雪花飞向钓鱼台"，写江潮。正面切入画面，用夸张笔法为之。"千里"，言其来也远；"滚滚"，状声威也大；"雪花"，谓浪涛也高。诗人观潮，在海宁；诗写"钓鱼台"，用放大法。从海宁至钓鱼台，仅 300 公里；海宁向东至潮头起处，大约百公里。二者相加，距"千里"尚遥，而诗人以"千里"状之，极言潮来也远、潮势也猛，有一泻千里之势。

三、四句，"人山纷赞阵容阔，铁马从容杀敌回"。诗人转写"人潮"也明，但他故意模糊"人潮"与"江潮"界限，将"铁马"句构思为两解皆通、两解皆活。"杀敌回"既人势，亦潮势。而在"江潮"与"人潮"的连接点上，分明又激越起诗人的"心潮"。

诗中有一"赞"字，此字前有一"纷"字。可见赞叹江潮者为观潮者群体。毛泽东"观潮"时，也"赞"潮了。在他的掌声中，已有礼赞、欢迎之意。眩然之间，面对江潮汹涌，他是否当成"铁马"健儿加以欢迎了呢？果真如此，末句的"赞"语，又是毛泽东个人的独特感受。

七绝·刘蕡

（一九五八年）

千载长天起大云，中唐俊伟有刘蕡。
孤鸿铩羽悲鸣镝，万马齐喑叫一声。

【题解】

刘蕡（？—849）字去华，唐幽州昌平（今属北京）人。新旧唐书皆有传。《旧唐书·刘蕡传》载："蕡宝历二年（826年）进士擢第。博学善属文，尤精《左氏春秋》。与朋友交，好谈王霸大略，耿介嫉恶，言及世务，慨然有澄清之志。自元和末，阍寺权盛，握兵宫闱，横制天下，天子废立，由其可否，干挠庶政。……文宗即位，恭俭求理，太和二年（826年）策试贤良……唯蕡切论黄门太横，将危宗社。"刘蕡在策论中直言："臣以为陛下宜先忧者，宫闱将变，社稷将危，天下将倾，海内将乱。此四者，国家已然之兆。故臣谓圣虑宜先及之。"他还说："奈何以亵近五六人，总天下大政，外专陛下之命，内窃陛下之权，威慑朝廷，势倾海内，群臣莫敢指其状，天子不得制其心。祸稔萧墙，奸生帷幄……此宫闱之所以将变也。"刘蕡策论，煌然正大，切中时弊，由于中官当道，考官亦不敢将刘蕡留于籍中。登科之人李郃谓人曰："刘蕡不第，我辈登科，实厚颜也。"后，刘蕡虽在令狐楚、牛僧孺幕任闲职，终未为朝廷大用。后竟遭宦官诬陷，贬柳州司户参军，内迁澧州员外司户，于唐宣宗大中三年（849年）客死楚地。毛泽东读《旧唐书·刘蕡传》，对刘蕡对策大加赞赏，旁加批语曰："起特奇"。评之不足，复以诗咏之。

【注释】

［铩羽］羽毛摧落。谓刘蕡遇害。

［万马齐喑］喻气氛沉寂。清龚自珍《己亥杂诗》："万马齐喑究可哀。"喑，哑。

【品评】

英才不用，则世隐其名。

刘蕡生当中唐。王朝中期，多是一个运命转化的时期，保之不易，失之无救，生于此世，多悲剧人物。刘蕡忠而见疏，直而遇害，可发仁人志士一叹。

第一个为刘蕡之死表示哀惋的，是李商隐。他一共写了五首关于刘蕡的诗，其中四首竟是悼念决策机构的。其《哭刘司户（蕡）二首》之二云："有美扶皇运，无谁荐直言。已为秦逐客，复作楚冤魂。湓浦应分派，荆江有会源。并将添恨泪，一洒问乾坤。"

毛泽东赞刘蕡，是中国历史上第一个领袖级的肯定。第一句"千载长天起大云"，亦兴亦比，既用那朵一千多年前出现于"长天"的"大云"，烘托主题，衬托人物；又是将"大云"指喻刘蕡。汉京房《易飞候》："视四方常有火云，五色具而不雨，其下贤人隐。"此诗"大云"，不一定用这典故，但亦不妨碍作此解。第二句，"中唐俊伟有刘蕡"，是放在一段大历史里称赞的，又是点题。三、四句，诗意陡转，"孤鸿铩羽悲鸣镝"指刘蕡遇害，"万马齐喑叫一声"赞刘蕡呐喊。两句诗，两个比喻形象："孤鸿"、嘶"马"，都是一个人，但一"悲"一赞，感情有别。尤其结句之壮，让人扼腕。"叫一声"有古例可循。苏轼《三马图赞引》："时西域贡马，首高八尺，龙颅而凤膺，虎脊而豹章，出东华门，入天驷监，振鬣长鸣，万马皆喑。"一马鸣，万马喑，良马劣马已判。

刘蕡的"叫一声"其实是维护自己的"说话权"。因言致祸，千古哀之。苟事关国家民族，即便哑者，都该"叫一声"的。允不允人"叫"，反证了国家文明开化程度。而如何对待人叫，则常常是令当代政治家颇费思量的课题。或者这一课题也正好能难住诗人。

七绝·屈原

（一九六一年秋）

屈子当年赋楚骚，手中握有杀人刀。
艾萧太盛椒兰少，一跃冲向万里涛。

【题解】

屈原，战国楚人。在楚怀王世，曾任左徒、三闾大夫。司马迁《史记·屈原贾生列传》称其“博闻强志，明于治乱，娴于辞令”。因为倡议变法图强，遭谗流放。后闻国都沦陷，自沉汨罗。后人记得屈原，多因其《离骚》华章。毛泽东以诗追怀之，表示景仰。

【注释】

［屈原］约前340—前278，名平，字原，楚国贵族，楚怀王时为三闾大夫，被谗去职。楚顷襄王时，被放逐湘水之滨，投水而死，流放时期作《离骚》、《九章》、《九歌》等。

［杀人刀］指笔杆子。

［艾萧太盛椒兰少］谓小人多而贤士少。艾萧，蒿草，喻奸佞。椒兰，两种芳香植物，喻贤士。

【品评】

民间祭祀屈原，多在农历五月初五。南朝梁吴均《续齐谐记》载：“屈原五月五日投汨罗水，楚人哀之，至此日以竹简子贮米投水以祭之……今五月五日作粽，并带楝叶五花丝，遗风也。"《荆楚岁时记》载："五月五日竞渡，俗为屈原投汨罗日，伤其死，故并命舟楫以拯之。"这是中国传统"端午节"之由来。此足证，屈原在中国百姓心中的地位。

毛泽东的《屈原》诗，作于"秋"，可见与百姓端午祭奠不同。"屈子当年赋楚骚，手中握有杀人刀。"起势为诗人快语。直接点人名、作品名，并对屈子作品作一独特评价。《离骚》为屈原代表作。是"前世未闻，后世莫继"的伟大政治抒情诗。说屈原"握有杀人刀"，实指其作品的战斗性。"杀人刀"，比喻耳，极言诗文威力。而且，"刀"的比喻也是正面的。如1956年，毛泽东就曾提出"两把刀子"的著名说法："一把是列宁，一把是斯大林。"可见，"杀人刀"，是赞扬屈赋用的。

三、四句之"艾萧太盛椒兰少，一跃冲向万里涛"，是分析屈原悲剧因由的。小人"盛"而贤士"少"，是社会大势。"少"对"盛"，屈原只好孤军奋斗。这叫：大厦将倾，独木难支。屈原的悲剧之后，必是楚国的悲剧。贤士"一跃"，自己选择死亡；小人苟且，国亡玉石皆粉。"一跃"句，描绘了屈原之死的壮烈和主动。在特殊背景下，死亡也是一种积极选择。

这首诗，对屈原的赞美是多方面、多层次的：文采的（"赋离骚"）、人品的（"椒兰少"）、意志的（"跃"）、生前的（"当年"）、死后的（"杀人刀"）。赞而不直言，得委婉之趣。

七绝二首·纪念鲁迅八十寿辰

（一九六一年）

其一

博大胆识铁石坚，刀光剑影任翔旋。
龙华喋血不眠夜，犹制小诗赋管弦。

其二

鉴湖越台名士乡，忧忡为国痛断肠。
剑南歌接秋风吟，一例氤氲入诗囊。

【题解】

鲁迅生于 1881 年 9 月 25 日。其八十寿辰，当在 1961 年 9 月 25 日。毛泽东七绝二首，当写于 25 日或稍后。

毛泽东对鲁迅评价极高。在《新民主主义论》一文中，毛泽东说：“鲁迅是中国文化革命的主将，他不但是伟大的文学家，而且是伟大的思想家和伟大的革命家。鲁迅的骨头是硬的，他没有丝毫的奴颜和媚骨，这是殖民地半殖民地人民最可宝贵的性格。鲁迅是在文化战线上，代表全民族的大多数，向着敌人冲锋陷阵的最正确、最勇敢、最坚决、最忠实、最热忱的空前的民族英雄。鲁迅的方向，就是中华民族新文化的方向。”

这两首绝句，与上文呼应，表示了毛泽东对鲁迅的认识一直是坚定的。

【注释】

[鲁迅] (1881—1936) 原名周树人，字豫才，浙江绍兴人，伟大的文学家、思想家和革命家。

[龙华] 上海郊区地名。因曾为杀人场而出名。

[不眠夜] 指 1931 年 2 月 7 日夜。“左联”五作家被害于龙华，鲁迅赋诗哀悼。此五人为柔石、胡也频、李伟森、白莽、冯铿。

[鉴湖越台]指代绍兴。鉴湖，又称镜湖，在绍兴城西南。越台，越王台，指今绍兴卧龙山。

[剑南歌接秋风吟] 谓陆游、秋瑾。陆游有《剑南诗稿》，秋瑾有《秋风曲》。

[氤氲] 天地阴阳之气的聚合。

【品评】

一次赋诗两首，纪念鲁迅，足见毛泽东对鲁迅的景仰。这是诗人的景仰。毛泽东是诗人，鲁迅也是诗人，诗人惜诗人，为惺惺之惜。明证是，两首诗的结句，都暗示了这一立场与视角。先指出，以防泛解。

两首诗，都是在独特的人物关系中再现鲁迅精神风貌。

第一首诗，在左联五烈士牺牲的背景下，展示鲁迅的“铁石”胆识。“博大胆识铁石坚，刀光剑影任翔旋”，这是泛说、泛赞鲁迅的学识、人品和胆略，具有时间深度。“龙华喋血不眠夜，犹制小诗赋管弦”二句，为一时间断面的行为：五人已牺牲，一人独战斗。“制小诗”，指鲁迅得知柔石等五人死讯后所赋七律：“惯于长夜过春时，挈妇将雏鬓有丝。梦里依稀慈母泪，城头变幻大王旗。眼看朋辈成新鬼，怒向刀边觅小诗。吟罢低眉无写处，月光如水照缁衣。”待到五烈士两年忌日，鲁迅写《为了忘却的纪念》一文，收录此诗，改“眼看”为“忍看”，“刀边”为“刀丛”。毛泽东诗中所言“不眠夜”，是鲁迅因思战友不成眠，所言“制小诗”，是鲁迅以诗歌形式怀友人而斥敌人。同时期，鲁迅有多篇文章发于中外杂志，皆表现了踏血奋进的无畏精神。

第二首诗，毛泽东将思绪铺展得更为遥远，他是从古今对照的视点，将鲁迅与绍兴历代英杰相比，加以赞扬。“鉴湖越台名士乡，忧忡为国痛断肠”。从空间写起，正所谓人杰地灵之意。这个“乡”字，指绍兴为人才荟萃之地，其共性则一致，为忧国忧民。有此古越遗风，鲁迅“忧忡为国”，则属必然。待三、四句出，“名士”有了确指，即陆游与秋瑾。从陆游，到秋瑾，到鲁迅的“名士”排行榜，一律洋溢着为民请命、为国分忧、舍生取义、杀身成仁的传统。而且，这是既可以庙堂化，又可以江湖化，既可以世俗化，又可以诗化的精神传统。这就超出了“会稽乃报仇雪耻之乡”的旧说。结语的“一例氤氲入诗囊”，可以两解。一解为鲁迅上承陆游、秋瑾诗风，熔铸自己的诗篇；一解为毛泽东将陆游、秋瑾、鲁迅的诗歌佳句，统统收入自己的诗囊。二解均通，不必执一。

诗心相通，即是知己。毛泽东引鲁迅为精神知己，是对鲁迅诗人人格的肯定。诗的肯定，比政论式的肯定更亲切，更感人。

二诗用“典”讲究。“今典”与“古典”相映，“诗典”与“事典”相和，增加了这两首诗的含蓄之美。用“典”为怀人服务——借怀一人，而怀多人——此诗得其巧。

杂言诗·八连颂

（一九六三年八月一日）

好八连，天下传。为什么？意志坚。为人民，几十年。拒腐蚀，永不沾。因此叫，好八连。解放军，要学习。全军民，要自立。不怕压，不怕迫。不怕刀，不怕戟。不怕鬼，不怕魅。不怕帝，不怕贼。奇儿女，如松柏。上参天，傲霜雪。纪律好，如坚壁。军事好，如霹雳。政治好，称第一。思想好，能分析。分析好，大有益。益在哪？团结力。军民团结如一人，试看天下谁能敌！

【题解】

“八连”，指自1949年5月进驻上海南京路的一个解放军连队。多年间，八连干部、战士身居闹市，一尘不染，勤俭节约，克己奉公，热爱人民，助人为乐，受到驻地群众的高度赞扬。1963年4月25日，国防部批准授予这个连队“南京路上好八连”称号，同年八一建军节，毛泽东挥笔写下这首杂言诗，以示赞颂。以领袖之尊，“颂”一群士兵，意义非比寻常。

【注释】

[八连]指中国人民解放军驻守上海某部第八连。时驻南京路段。

[魅]精怪。诗中与“鬼”照映，指各种有害思想风气。

[贼] 盗贼。诗中与“帝”照映，指反动势力。

[坚壁] 坚固围墙。隐含“钢铁长城”义。

【品评】

虽称“杂言诗”，但全篇仅结尾二句七言，余皆三言。《三字经》当为三言诗的代表作之一。

毛泽东此杂言诗，全用俗词俗语，已近乎白话诗。但语俗义不俗，多有新义警语，如：“拒腐蚀，永不沾”；“分析好，大有益”等，皆高屋建瓴之语，

另，用韵极活，随意而转，不留痕迹。前十句一韵，较明显；但从第 11 句始，平仄低昂，皆近仿佛。不以韵害义，不以声限思，如水趋海，高低自有选择。

作为“颂”,主脑在“立”。这首诗“颂”的是好八连的“松柏”精神，所以全诗皆围绕灵魂礼赞铺排。“意志”是“坚”的,“坚”到“拒腐蚀，永不沾”;“思想”是“好”的，“好”到“能分析，大有益”；尤其连用八个“不”字，将“好八连”战士的“意志”坚定性全方位画出。天地间邪物,一概不怕,才能“如松柏”,“如坚壁”,“如霹雳”。结句,由对“好八连”的赞颂跳出，半是勉励，半是预测，推出“军民团结如一人，试看天下谁能敌”的诗歌强音。礼赞，复变成宣言。

诗的自由气象，与精神的自由度相关。毛泽东从哲学的“必然王国”迈入了“自由王国”，他的晚年诗歌，亦趋形态的、精神的自由。此诗为一证。

念奴娇·井冈山

（一九六五年五月）

参天万木，千百里，飞上南天奇岳。故地重来何所见，多了楼台亭阁。五井碑前，黄洋界上，车子飞如跃。江山如画，古代曾云海绿。　　弹指三十八年，人间变了，似天渊翻覆。犹记当时烽火里，九死一生如昨。独有豪情，天际悬明月，风雷磅礴。一声鸡唱，万怪烟消云落。

【题解】

这首《念奴娇·井冈山》与《水调歌头·重上井冈山》为一次游程的姊妹词章。1965 年 5 月，毛泽东从长沙驱车赴井冈山视察游览。38 年重回故地，抚今追昔，诗潮奔涌，写下两首名为“井冈山”的词作。我们难以断定的，是孰先孰后。因为《重上井冈山》发表于作者在世日，可以视为审定稿，是较为满意的。而《井冈山》一词发表于 1986 年 9 月，显系后人为纪念毛泽东逝世十周年刊发。这首词，可以视为未及审定稿。

【注释】

[五井碑]井冈山上立有明清间“五井碑”一通，今已毁。五井，指以茨坪为中心的大井、小井、上井、下井、中井五地。

[黄洋界]见《西江月·井冈山》注。

[江山如画] 用苏轼《念奴娇·赤壁怀古》成句。

[古代曾云海绿] 古人曾说井冈山原是沧海。海绿，犹绿海，碧海。

【品评】

这阕词，仍沿袭通式，上阕倾向写景，下阕倾向言情。这叫情由景生可，叫触景生情亦可。

上阕，“参天万木，千百里，飞上南天奇岳”，从大处着墨，勾画了井冈山岩石全景。静中有动，全赖“飞”字点染。“飞”的主体，是诗人，是乘车重回井冈的诗人。“故地重来何所见”句，承上启下，是大全景切转中景或特写的过渡语。“多了”以下四句，皆扣“见”字。“江山如画”，用慨叹语总结所“见”，逗出上阕结句“古代曾云海绿”。此句出，不但拓展了这阕词的历史纵深，而且由所“见”转向所“思”，为下阕抒情完成造势。

下阕，“弹指三十八年”，同《水调歌头·重上井冈山》“三十八年过去，弹指一挥间”。但二句合一，用字更省。“人间变了”，是重回井冈山印象语。“变”出新景，“变”出新情，面对“人间”之“变”，诗人才自然地勾起“当时”（未变）回忆和今朝“豪情”。而这一切复杂形象，都借“犹记”的锁钥开启。记忆之门后面，积聚了“三十八年”的生活，诗人不可能一一罗列重加展示。诗情酝酿后，他重点钩沉出两组画面，一是“烽火”战斗画面，一是“明月”、“鸡唱”画面。取义或为：用战斗牺牲结束黑夜，迎接黎明。

无形中，这首词前后出现了两种画面。上阕，井冈山今日；下阕，井冈山昨天。今日画面，在眼中；昨日画面，在心中。一山两景，虚实相映，弹指一挥，不能去矣！

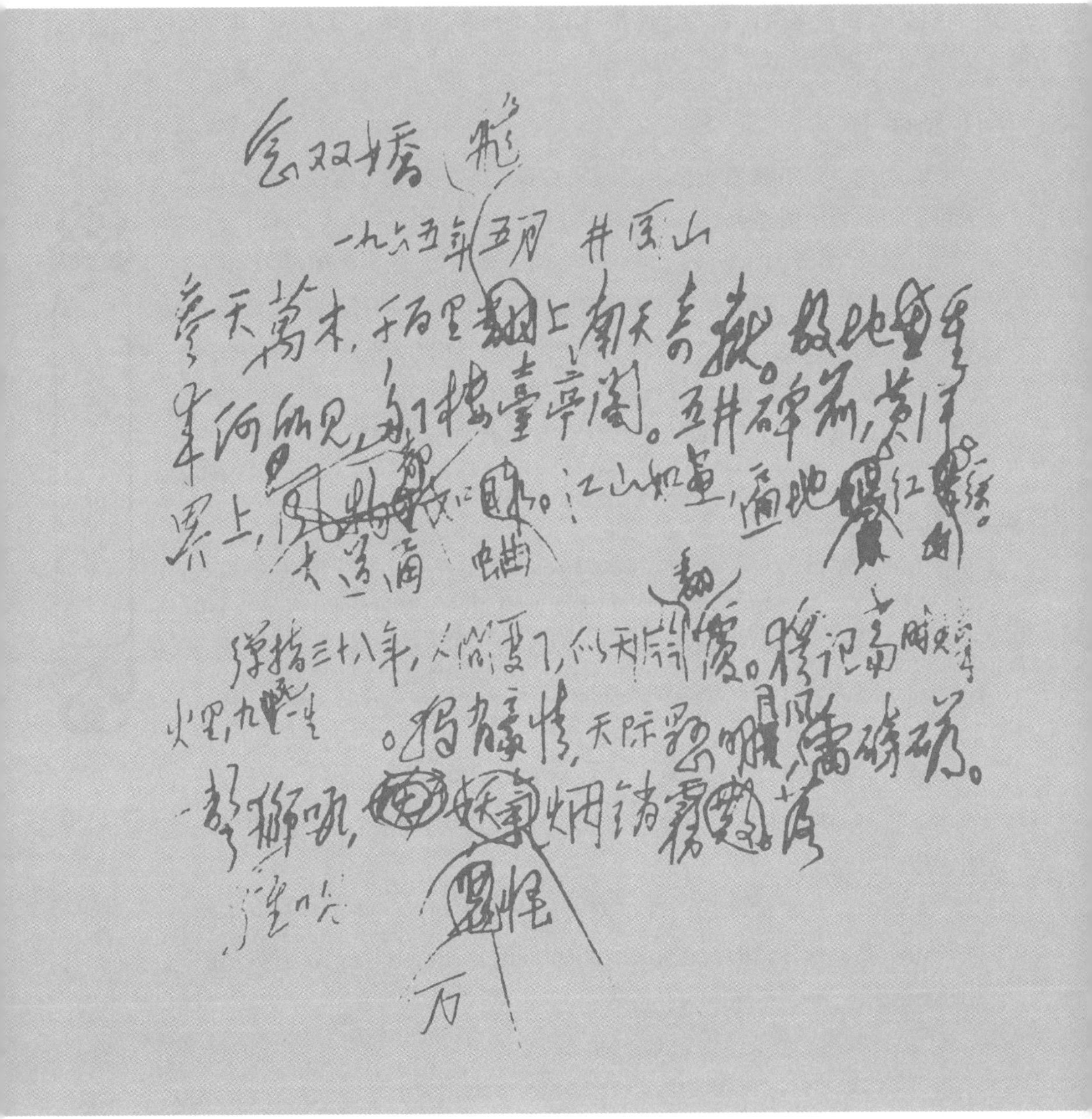

念奴娇·井冈山（手迹之一）

七律·洪都

（一九六五年）

到得洪都又一年，祖生击楫至今传。
闻鸡久听南天雨，立马曾挥北地鞭。
鬓雪飞来成废料，彩云长在有新天。
年年后浪推前浪，江草江花处处鲜。

【题解】

洪都，指南昌市。因隋、唐、宋三代皆以南昌为洪州治所，唐初又在此设大都督府，故有“洪都”之称。王勃《滕王阁序》开篇即是“豫章故郡，洪都新府”。毛泽东 1965 年南方视察，曾在 5 月下旬重上井冈山，留下两阕词以记此行。上井冈山，必去南昌，故亦留诗以记事。

【注释】

［洪都］南昌别称。隋唐置洪州大都督，治南昌（洪州），故称。

［祖生］指祖逖（266—321）。祖逖字士稚，晋范阳道县（今河北省涞水北）人。轻财好侠，慷慨有节，西晋末曾为太子中舍人、豫章王从事中郎。晋乱南迁，被晋元帝任命为豫州刺史。率部曲北伐，渡江击楫，发誓收复中原，连复谯（安徽亳州）、陈留（开封），以雍丘（杞县）为大本营与北方政权对垒。因晋室上层苟且，故忧愤而卒。

［闻鸡］即闻鸡起舞；《晋书·祖逖传》：“（逖）与司空刘琨俱为司州

主簿，情好绸缪，共被同寝。中夜闻荒鸡鸣，蹴琨觉曰：'此非恶声也。'因起舞。”

［后浪推前浪］喻世事变动不居，如浪相推。宋刘斧《青琐高议》前集卷七《孙氏记》：“我闻古人之诗曰：'长江后浪催前浪，浮世新人换旧人'。”宋释文珦《过苕溪》：“只看后浪催前浪，当悟新人换旧人。”

［江花江草］语从杜甫《哀江头》“人生有情泪沾臆，江水江花岂终极”句化出。

【品评】

毛泽东去南昌、写南昌，为何不用“南昌”今名，而拈用“洪都”旧名？既标名“洪都”，又不从称名之时写起，直追两晋人物，明点祖逖，兼说刘琨，这又是一番让人不易懂理的诗情！

有人认为，南昌之地与祖逖无关联，毛泽东去南昌而追怀祖逖，完全是惺惺相惜的精神联系。这其实与毛泽东诗句不符。

首联，“到得洪都又一年，祖生击楫至今传”，一落笔，即由地名过渡到人名。“传”颂“祖生”的，当然是“洪都”人。“洪都”人为什么传颂“祖生”？盖因祖逖曾做过“豫章王从事中郎”也。豫章，南昌旧称，“豫章王”相当“南昌王”。晋代“豫章王”，为晋怀帝司马炽。他是晋惠帝的弟弟。祖逖这一职务，让南昌人引为乡亲、知己。加之祖逖人品功业，有可传可颂处，故人人争传之，一传千载，而“至”于“今”。

首联一通，颔联自然诗意明朗，“闻鸡”、“立马”句，皆咏祖逖、刘琨事。闻鸡起舞时，祖逖与刘琨都还年轻，官职也小，司州主簿，副县级干部耳。到祖逖中流击楫北伐时，他已经 48 岁。刘琨任司空、太尉坚持北方抗战时，也已经年过 40（他小祖逖 5 岁）。所以，“南天雨”前加“久听”二字，谓报效国家，期待已久。“立马”而挥鞭于“北地”，可以印证于祖、刘二人。至于是否暗示毛泽东陕北抗日，可加联想，而不必确解为唯一。

诗情之生，有如电光石火。毛泽东想到了祖逖与刘琨，自然已将钦佩、怀念、自励融汇于一。祖逖侍候了两位皇帝（怀帝、元帝），这两位权势者都不能充分支持他的事业，功败垂成，南北分裂，固民族与个人之双重不幸。毛泽东在洪都福地想到了这位英雄，情感一定甚为复杂。

颈、尾二联，诗情融通，可以视为一体。“鬓雪”句，是讲自己的。“废料”，为自我调侃语。这表明毛泽东的大度与无畏。“彩云”以下三句，归义于一：继往开来。革命后继有人，事业前程似锦，亦如春日艳阳下的江花江草，茂盛芳鲜。

用古人激励今人，看今天畅想明天，使这首诗饱含乐观精神。

七律·有所思

（一九六六年六月）

正是神都有事时，又来南国踏芳枝。
青松怒向苍天发，败叶纷随碧水驰。
一阵风雷惊世界，满街红绿走旌旗。
凭阑静听潇潇雨，故国人民有所思。

【题解】

诗题“有所思”，可见是写思虑的。

1966年2月12日，《关于当前学术讨论的汇报提纲》（后简称“二月提纲”）经向在武汉的毛泽东请示，由中共中央转发全党。到2月底，毛泽东即有谈话严厉批评“二月提纲”不分是非、混淆阶级界限。

1966年5月，中央政治局开会，通过了《中共中央通知》，此即“五一六”通知。“通知”全面否定“二月提纲”。这次会议，重新设立“文化革命小组”（又称“中央文革小组”），隶属政治局常委会下。由此，文化大革命有了指挥部。

1966年6月1日，《人民日报》发表《横扫一切牛鬼蛇神》的社论，全面掀起“破四旧”、“立四新”、揪斗校长、批判教师的浪潮。文化大革命，从学校推向社会，中国长达十年的动乱开始。

毛泽东部署毕“通知”与“文化革命小组”事宜，于1966年5月中旬南下视察。5月15日至6月15日在杭州；离杭州，经长沙，6月17日到韶山滴水洞；住11天，于6月28日赴武汉。

诗前注明作于“1966年6月”，到底是写于杭州，还是写于韶山、武汉呢？从诗句语气看，很像写于初来南方时，可能在杭州。

【注释】

［有所思］汉无名氏乐府有《有所思》，首句：“有所思，乃在大海南。”诗题即本此。

［神都］指北京。

［“故国”句］化用杜甫《秋兴八首》其四“鱼龙寂寞秋江冷，故国平居有所思”句。

【品评】

这首七律，写于1966年6月文化大革命初起之日。应该说，它最易于理解，却最难于评说。为尊者讳否？这倒不是。即使这首诗的“有所思”全部维系于“文化大革命”，因为诗化的诗情不同于政治号召，所以局外人仍然缺乏铁的证据，指数这首诗隐藏了“左”的或“右”的倾向。诗化的“思”，因为朦胧、恍惚、间接、委婉，而呈现着意境的不确然，由这份“不确然”逆推诗人的理性真实，不亦难上加难乎！

“解”还是可以求得的。

我们先分析“有所思”的“思”的倾向。开篇，诗人十分肯定地对他写诗的“时间”加以确指：“正是神都有事时”。“正是”，为现代时态，即当下一刻。“神都”，借国都，代表国家。“神都有事”即“国家出事”。国家出事，当然是大事、要事、全局事、性命交关事。回到1966年6月，这“国家出事”只能是关乎文化大革命起因之事。

这“事”，非“文化革命”；换言之，因为有“事”，我才发动“文化革命”。如此，“事”的性质亦明，而“当事人”与毛泽东的对立亦明。在这种出了“事”，又要解决“事”，而实际上尚未解决“事”的这一时刻，毛泽东南下杭州。如果人们仍能记起毛泽东对当时以彭真为首的北京市委的批评“针插不进，水泼不进”，他的“又来南国”，只能理解为拉开距离，解决问题。

颔、颈二联，都好理解。虽然亦实亦虚，在对比的态势下，读者仍可以从“青松”、怒发、“败叶”纷落、一声“风雷”、“满街”走旗的似相关、似无关的意象中，看出毛泽东对当时形势的预测和期待。在这儿，没有必要将“青松”与“败叶”解死。

尾联，诗情趋缓、趋淡、趋于沉静。凭阑听雨，一滴滴，一声声，都关民情民心！这是毛泽东的主观情绪。事变的结局，几乎两败俱伤。对国家、民族而言，“满街”走旗的动乱延续十年，已将局势推向“崩溃”边缘，但发起者那份良好愿望，在最初的诗情自白中，仍然自视真理在手、主动在手。这是人的悲情，这是诗的悲情。

在艺术上，这首诗有不可低估的史诗风范。关于文化大革命，毛泽东留下不少政治言论。用诗表现“文革”，仅此一首。最起码的，这七律是将“文革”初起之势作了诗的展现。

另外，我还要提醒读者，这首诗在毛泽东全部诗歌创作历程中的“封笔”地位。十年“文革”，诗人毛泽东只留这一首诗。回望旅程，这诗也成为他作为诗人的最后吟歌。没想到，用这首诗为自己的诗歌创作（延续五十年之久！）画上句号，“思”不尽，“诗”尽，其中机缘，谁能参悟！

七绝·贾谊

贾生才调世无伦，哭泣情怀吊屈文。
梁王堕马寻常事，何用哀伤付一生。

【题解】

此诗未标写作年代。当是共和国成立后咏史之作。一个人，被毛泽东连吟二诗而叹之，贾谊的幸运是唯一的。

贾谊（前200—前168），洛阳人，“年十八以能诵诗书属文称于郡中”，得河南守吴公赏识，吴公迁廷尉，荐贾谊于汉文帝，文帝召为博士。这一年，贾谊20岁。因为应对高于诸老先生，文帝悦之，同年超迁太中大夫（秩比千石）。在文帝欲授之公卿之位时，老臣周勃、灌婴谗毁之，故转任长沙王太傅。这一年为汉文帝四年（前176）。贾谊贬长沙途中，经湘江边，凭吊屈原，作《吊屈原赋》。汉文帝六年，贾谊被征为梁怀王太傅。梁怀王刘揖（又名胜）是文帝小儿子（第四子），文帝爱如掌珠。不幸，刘揖骑马摔死。文帝虽未怪罪，但贾谊心中郁郁。“自伤为傅无状，常哭泣，后岁余亦死。”死年仅33岁。

【注释】

[贾谊] 汉洛阳人，年少多才，博通诸家书，文帝召为博士，迁太中大夫，贬长沙王太傅，后因梁王堕马死而自伤，不久亦死。

[“贾生”句] 化用唐李商隐《贾生》“贾生才调更无伦”句。贾生，

指贾谊。

[“哭泣”句] 贾谊《上疏陈政事》曰:“臣窃惟事势，可为痛哭者一，可为流涕者二,可为长太息者六,若其他背理而伤道者,难遍以疏举。”“哭泣情怀”即指疏中所陈伤心事。

[吊屈文] 贾谊《吊屈原赋》。赋文有“侧闻屈原兮，自沉汨罗，造讬湘流兮，敬吊先生”。

[梁王堕马] 梁王指梁怀王刘揖。堕马事发生于汉文帝十一年(前169)夏六月。

【品评】

诗题直用人名,不曰“咏”,不曰“叹”,不曰“悼”,纯以中性形态出之,此为“藏锋”之法。情在诗中，不假诗题以张扬。

“贾生才调世无伦”句,化用李商隐语,更一字,易“更”为“世”。“更”为比较说法，“世”为历史品评。“世无论”即当世无与伦比，后世亦无与伦比。议论入诗，一言九鼎。

“哭泣情怀吊屈文”，一句诗，追怀两个历史人物。贾谊被贬，与屈原被逐，势不同而运同。贾谊吊屈原，这叫同命相怜。故《汉书·贾谊传》亦说:“追伤之,因以自谕”。毛泽东注意到这一点,将二人并写并论,一定是体认到历史的不公正性和正人君子的命运多舛。

收尾二句，应合而析之。刘揖堕马摔死，是一次意外事故，贾谊有责,仅为护理不周。文帝不责,贾谊自责,或性格中“认真”的成分太重,或律己的“压力”太大，一遇变故，万念成灰。贾谊的英年早逝，梁王堕马仅一近因；早在贬谴长沙时，其作《服鸟赋》已露不祥之音：“其生兮若浮，其死若休。澹乎若深渊之静，泛乎若不系之舟……”

诗的主导倾向为一“惜”字。惜贾谊宏才不用，惜贾谊因“寻常事”而死，归结为惜人才。但历史经常给有才者与求才者开玩笑，所以怀才不遇者众，求才若渴者寡，以至于一方面雄才毁弃，另一方面空椟空置，悲夫!

七律·咏贾谊

少年倜傥廊庙才，壮志未酬事堪哀。
胸罗文章兵百万，胆照华国树千台。
雄英无计倾圣主，高节终竟受疑猜。
千古同惜长沙傅，空白汨罗步尘埃。

【题解】

《咏贾谊》与《贾谊》系姊妹篇。从诗势上推想，当作于同一时段。上诗“品评”曾言，诗之主导倾向为一“惜”字。“惜”情绵绵，一诗不能尽意，故再咏一首。

贾谊生平，可参酌上篇《贾谊》题解。

【注释】

[倜傥] 卓越豪迈。司马迁《报任少卿书》：“唯倜傥非常之人称焉。”

[“胸罗”句] 谓贾谊所论治国方略之文章，其价值可敌百万雄兵之作用。

[华国] 华夏，此指汉王朝。

【品评】

诗题于人名前加一“咏”字，虽属常格，但吟咏忆念之势已明。

首联二句“少年倜傥廊庙才，壮志未酬事堪哀”落于“哀”字上，可谓一字定音。联系尾联“千古同惜长沙傅”句那个“惜”字，首尾呼应，将诗人的哀、惜之情，与两千多年间历代人士的哀、惜之情，融汇于一，进而表现贾谊个人悲剧的历史回响。这是领会此诗的关键。

颔联、颈联四句，挥发“咏”歌风采，铺陈贾谊一生遭际。“兵百万”与“树千台”，皆比较而言之。“兵百万”，言武事之比；“树千台”，言文治之比。就是这样杰出的“英雄”人才，却不会自我推销，结果，卖的找不到买的。汉文帝是很佩服贾谊文才的，不见贾谊，他曾慨叹：“吾久不见贾生，自以为过之，今不及也。”才不及，又不用，让贾谊也无计可施。偏偏又有老一辈人物周勃、灌婴辈进谗，贾生不合接班人标准亦明。诗中“树千台”，原有所指。汉制，封国设三台（尚书为中台，御史为宪台，谒者为外台）；同姓封王多，则国多台多，这叫干部超编。贾谊在《治安策》中曾谏言限制分封，此乃削藩固本之大计。计上不用，后来引发七国之乱。苟用贾生策，国安也！所以毛泽东“胆照华国”之誉最为中肯。

尾联“千古同惜”一语，留下了最大的诗情空间。“同惜”，为文人共势，为文人共识，但没有用，只是多了几首叹惜诗词。李白惜贾谊，曾叹曰：“圣朝思贾谊，应降紫泥书”（《送别》）。苏轼惜贾谊，曾叹曰：“惜乎贾生，王者之佐，而不能自用其才也”（《贾谊论》）。毛泽东一语总结了两千多年的贾谊思念，选取“空白”二字，极有气度。“空白”，即空说，泛言。历代追怀者都空说贾谊步屈原后尘而死，又有谁了解二人的区别，及贾谊的苦衷呢？毛泽东一定有很多话要说，但他不说了。“空白”二字在发挥了它的否定作用后，又分明显示：空言无补事实。谗者进谗，贤者受诬，都随逝水，谁又能阻止屈子自沉、贾生自伤？故曰，一切事后宏论难免苍白无力！

一舞剑器动四方，天地为之久低昂

——毛泽东诗词书法印象

因为没有对毛泽东书法创作的全程与全部进行综合把握，我不便泛论“毛泽东书法”这一宏观论题。副题虽然限制在“诗词书法”的范畴内，其实仍有夸饰。毕竟此处之“诗词”仅指毛泽东已公开发表之诗词。将文章做小，既出之学术谨慎，也是为了读者便于检索与印证。有言在先，以绝窥豹之陋。

本书收录毛泽东诗词66首，附书法手迹者43首43幅。诗书合璧，相得益彰，可吟咏之，可观览之，阅读之趣，倍于一也。在双向、双重而又双倍的艺术欣赏后，你或许要由衷一叹：毛泽东诗人，毛泽东书家，毛泽东诗人兼书家也！

他的诗词，冠绝一世，本书已分章品评之。他的诗词书法，徜徉自由放达之境，亦应逐幅赏鉴，但为了让读者有一通盘印象，故综论如次。

一

让我先从最一般，也是最表层的书法形制上，胪列毛泽东诗词书法的独有风范。

毛泽东诗词书法，有别于近世或当代书家的书写程式，他绝少署名，绝少签题时日，加盖金石印鉴更为罕见，似乎仅见于《沁园春·雪》，此其一也。

毛泽东诗词书法，依传统格式多采竖行，但不排斥左起横书，此其二也。

毛泽东诗词书法，沿用繁体字，而不禁用简化字，偶一用之，参差有致，此其三也。

毛泽东诗词书法，多不书诗题，此其四也。

毛泽东诗词书法，草书为主，当家一体，偶有行书渗入，不改其大势，此其五也。

如果展阅本书，你会认同上列各款。你也许会突然明悟：所谓毛泽东诗词书法，其实是毛泽东诗词转化为“草书体”的单一形态；毛泽东作为书法家，他的艺术创造重点亦为草书。这么说，欣赏与评价都变得单纯起来。我甚至这么判定：倘能将毛泽东草书的演变过程梳理清晰，人们对毛泽东诗词书法的赏鉴便接近了理性层次。

二

显然，毛泽东的草书并非劈空七彩。渊源有自，他衷情草书是在诸体皆精之后的广泛舍弃与单一选择；是自他六七岁开蒙读经，演习书法直到中年之后才潜心运腕，渐趋化境，终能畅怀写意的书法归宿。习楷书，知法度；用行书，广气度；恋草书，得自由。这三部曲，或为毛泽东书法演进之迹。

资料显示：毛泽东在六年私塾期间，曾临摹欧阳询《九成宫醴泉铭》、王羲之《兰亭序》，以及晋唐小楷；曾抄写《三字经》、《幼学琼林》、《论语》、《诗经》、《汉书》、《纲鉴易知录》等。13 岁至 15 岁辍学在家，晚上于油灯下读书、习字，此间留下墨迹多为楷，略有行笔。16 岁入湘乡县东山小学堂，17 岁入长沙湘乡驻省中学，20 岁入湖南省立第一师范学校，此期间留下的《讲堂录》及《离骚》、《九歌》抄本亦皆为楷体，而兼有二王行书笔致。这表明，毛泽东青年时代的当家字体为楷书。这楷书，基于“唐”，多有魏碑情致。魏碑精神，几乎濡染了毛泽东整个书法轨迹。即使到了他的行草世界，仍然偶显魏碑峥嵘。

不少研究者十分重视毛泽东 1915 年 9 月 6 日书写《致萧子章》手稿。这是毛泽东的早期行书作品。开始洋溢“草意”，但颇为内敛而含蓄。追溯毛泽东诗词草书创作的定型化作品，我以为当推书写于 1945 年 9 月 6 日的《沁园春·雪》。这是巧合，相隔整整 30 年，从《致萧子章》

到《沁园春·雪》，毛泽东完成了“行书”到“草书”的过渡。

三

有一个问题，是绕不过去的，即毛泽东诗词的草书形态，如何进行时间排序。诗、词的创作，已经有一个准确的时间表。书法的再展示、再创造则时序朦胧。困难在于毛泽东书写时未标年月。

如果确定《沁园春·雪》是毛泽东诗词的第一幅草书卷，自然的，我便有理由将毛泽东诗词书法匡定为“五十后书”。这虽然仍旧宽泛，但已较易把握。

大致的顺序或是：

40 年代——《沁园春·雪》、《七律·和柳亚子先生》等；

50 年代——《浣溪沙·和柳亚子先生》、《浪淘沙·北戴河》、《蝶恋花·答李淑一》、《七律·送瘟神》、《七律·到韶山》等；

60 年代——《七绝·为女民兵题照》、《七律·和郭沫若同志》、《满江红·和郭沫若同志》等。

诗作很早，书写在后的作品，如《沁园春·长沙》、《菩萨蛮·黄鹤楼》、《西江月·长沙》、《菩萨蛮·黄鹤楼》、《西江月·井冈山》、《清平乐·蒋桂战争》、《减字木兰花·广昌路上》、《菩萨蛮·大柏地》、《清平乐·会昌》、《忆秦娥·娄山关》、《七律·长征》、《清平乐·六盘山》、《七律·人民解放军占领南京》等，大都是 20 世纪 60 年代的书法创作。

细审这个顺序的草书变化，人们不难看出毛泽东诗词草书由“规范形态”向“自由形态”的飞跃。必然明朗化的共识是：欣赏毛泽东诗词书法，最好以书法作品的创作年代为序。

四

关于毛泽东诗词草书的“规范形态”与“自由形态”，是我为论述方便而选择的两个概念。所谓“规范”易于理解，即草书书写不脱离自古及今、约定俗成的规则（主要指字形结构与行笔顺序）。“自由”则是在遵循规范前提下的熟能生巧，巧能出妙，妙能传神，神而入化。如果说“规范”是一个硬尺度，“自由”便是一个趋向极致的过程。

毛泽东于20世纪60年代，自己年龄70岁左右时所书诗词，已经达到出神入化之境，故而我用“自由形态”标识之。代表作并非一幅两幅。我们举例，不妨看《七律·长征》或《满江红·和郭沫若同志》。有人说，这两幅书法作品都有些雄霸之气。人贵老当益壮，我以毛泽东70后书尚有雄气为贵。这两幅作品小而论“字”、大而论“章”，都是精品。论“字”终篇无病字，无呆字，字字虎虎有生气；论“章法”，如千军布阵，分合有度，平险相依，首尾呼应，自成一派磅礴！俗谓：熟能生巧。看这两幅作品，我想到的是熟能生胆，胆能生威，以字的大小搭配而论，这两幅书法创造了毛泽东草书敢大敢小的范例。《长征》一幅，“横”、“铁”、“后”、“尽”诸字，是“千”、“怕”“不”、“走”诸小字的五六倍大小；《满江红》一幅，“撼”、“风”、“翻”、“腾”诸字，是“正”、“大”、“只”、“切”诸小字的七八倍大小。通盘而观之，大不显其大，小不见其小，这是筋骨灵动、气韵畅达所致。

五

70岁草书成熟。这对毛泽东而言，并不是坐等而来的时间恩赐。

1958年10月16日，毛泽东给秘书田家英一信，嘱其代为查找草书字帖。信中写道：“请将已存各种草书字帖清出给我，包括若干拓本（王羲之等），于右任千字文及草书歌诀。此外，请向故宫博物院负责人（是否郑振铎？）一询，可否借阅那里的各种草书手迹若干……”

这封信披露的信息十分重要。它标志着毛泽东从1958年秋季开始，已经采用“资料穷尽法”，用“集大成”的精神，读草帖与临草帖。这样的硬功夫下了三年，在绝对的资料优势保障下，毛泽东草书发生质变而趋于成熟自由。证明是1961年9月他“应宁夏同志嘱”而书写的《清平乐·六盘山》。这幅作品带有划时代特征：草字倾向于长方结体，一改《沁园春·雪》的左低右高、横笔倾斜、单字求圆、连字借势的风格，而追求单字的平稳性和结体的呼应性，字与字间，不借笔连，而借势通，故有行云流水之致。大字与小字的搭配，常用“叶底藏花”之效。

六

毛泽东晚年，草书风格在“大自由”、“大挥发”之后，又有形神内敛。有些作品，创作时间不明，但字的点画与篇的布局明显趋向含蓄。如《沁园春·长沙》、《七律·人民解放军占领南京》、《菩萨蛮·大柏地》等，书风明显别于《长征》。字的点画，更趋势凝重，常有力透纸背之效；折笔收束，不再狂放，点到即止，有笔收意不收之致；字与字排列，大小虽有错落，但不再畸大畸小；中锋用笔的特征，将飘逸情致尽力释放。

书法家的笔墨，是纸面上的芭蕾舞姿。能跳跃，能舞蹈，落地又稳，才是“活”字，观毛泽东晚期诗词草书，有《天鹅湖》的腾挪顿挫之美。而且，只有在晚期，他的草书才在精神上比肩于张旭、怀素。

七

书法的最高追求，是激发美感。

写出“规矩”也罢，写出“力度”也罢，写出“和谐”也罢，写出“性情”也罢，都不能绕过将汉字写得“美”，看着舒服，看了还想看，乃至百看不厌。

毛泽东诗词的草书形态，达到了美学境界。别人没达到的，毛泽东达到了，这是有原因的：除个人素禀之外，一是博览，二是苦练。在这儿要刻意指出的两点是，因为要追求草书的个人风格，毛泽东草书（仅见于诗词）自然也存在着由于强化风格而难以忽视的弱点。

其一，因为求拙，篇幅中存在着“得意忘形”处。有些字局部夸张过甚，已失形美（如《沁园春·长沙》某一幅中“怅”、“激”等）；有些字，保持力度，降低了“美”度（如《沁园春·雪》中“千”、“朝”字等）。从全局看，此字尚可；若单独审视，结体上便有不妥处，这一类字，当然是愈少愈好。

其二，或许是一种唯美倾向的异样表现，毛泽东诗词书法中的草书字体，常有“求繁不求简”之好。这个“简”，不是指简体字，而是指草书中公认的简约化的结构形态。以《沁园春·雪》为例，“国”、“莽”、“腰”、

“输”、“弯”、“数”诸字，在草书中都有更少笔画的写法，毛泽东皆不取。繁笔出之，或增加了线条美，但减少了明快感。这一书风，至暮年仍不变。

我以为，欣赏者保持一份独立审美，更有助于接近毛泽东诗词书法的真美境界。

字如其人。人们都这么讲。

文品、书品即人品。人们都这么认为。

“如”和“品”，是一个极端难以“量化”的评判。所以，我不准备用毛泽东的领袖身份或伟人品格套评他的书法成就。朴素的表述，也许只能是这样的：在传统的继承上，毛泽东诗词书法功力深沉，创作丰富，上攀晋唐，下览明清，足以追陪书坛先驱；从时代影响看，毛泽东诗词书法双绝合璧，雄于一时，赤县神州，妇孺皆知，若谓自成一家，亦大家矣！

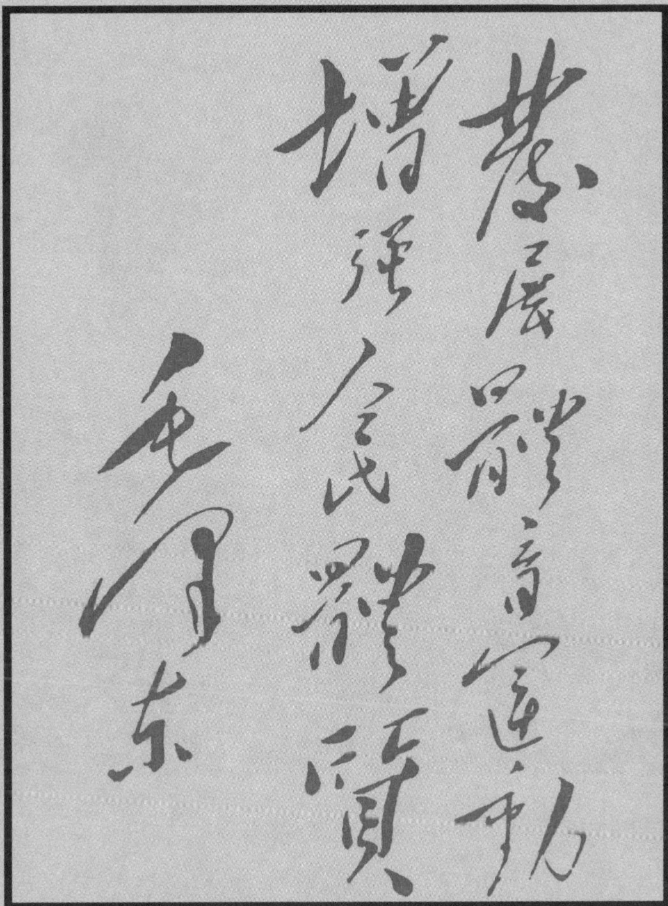

毛泽东对联精选

毛泽东在井冈山

对 萧 三

（一九一〇年秋）

萧三：目旁是贵，瞶眼不会识贵人；
毛泽东：门内有才，闭门岂能纳才子。

抄自王以平：《走出韶山冲》，中共中央党校出版社 1993 年 11 月版。

1910 年秋，毛泽东在湘乡东山高等小学堂读书，与同学萧子章（即后来成为著名诗人的萧三）很要好。

一天，毛泽东见萧子章正在看一本《世界英雄豪杰传》，就向萧借阅。

萧说，要借书不难，我出一联，你能很快对出就借给你。

毛说，可以，对不上就不借你的书。

萧出了“目旁是贵……”的上联。（瞶 guì，视力弱，看不清楚。）毛泽东见是一“拆字对”，稍加思索，就对出了“门内有才……”的下联。

萧听了忙说，对得好，真不愧是誉满学堂的才子，马上将书递给了毛泽东。

自勉联

（一九一四年）

贵有恒，何必三更起，五更睡；
最无益，只怕一日曝，十日寒。

抄自沉啣：《风骚长留天地间》，《历史大观园》1989 年第六期。

1914 年，毛泽东在湖南一师求学，题此联以自勉。

整联的主旨在强调一个“恒”字。既反对不顾身体健康的苦熬苦学，又反对一曝十寒的忽热忽冷。一曝（pù）十寒，语出《孟子·告子上》：“虽有天下易生之物也，一日曝之，十日寒之，未有能生者也。”

上联，有的写作“苟有恒，何必三更眠，五更起”。

此联系改明代胡胥仁联语而成。胡的原联是：

若有恒，何必三更眠，五更起；
最无益，莫过一日曝，十日寒。

对夏默安

（一九一七年七月）

夏默安：绿杨枝上鸟声声，春到也？春去也？
毛泽东：青草池中蛙句句，为公乎？为私乎？

抄自《益阳党史通讯》1982 年第一期。

1917 年 7 月尾，毛泽东与萧子章游学来到安化县。县劝学所所长夏默安，毕业于晚清两湖学院，自恃学富五车，眼光很高，一向不理睬那些游学先生。毛泽东两次登门拜访，均遭夏拒绝。毛泽东第三次前去，夏会见了，但出了“绿杨枝上……”的上联要毛泽东答对，以试其学识才华。毛泽东看了，稍加思索，即执笔写出“青草池中……”的下联。下联典出《晋书·惠帝纪》。晋惠帝有次在华林园，听见蛤蟆叫声，问左右的人：蛤蟆叫“为官乎？私乎？”有人应声回答：“在官地为官，在私地为私。”

夏默安见毛泽东泰然应对，文思敏捷，联语平仄虚实恰当，对仗工稳，且用典自然，涉笔成趣，语势与上联相敌，内蕴显得丰富，可见其学问、才华，远非一般。于是，夏先生一扫往日倨傲之态，马上客礼相待，与毛泽东谈诗论文，十分投机。临别时，夏送毛泽东八块银元作旅费。

悼七位同学

（一九一七年）

为何死了七个同学？
只因不习十分间操！

抄自高菊村等 :《青年毛泽东》（修订版），中共文献出版社 2008 年 11 月版。

1917 年，湖南一师有七位学生相继因病而死。在学友会为死者举行的追悼会上，毛泽东满怀沉痛、忧愤的心情，写下了这副挽联。上联设问，下联作答，既有对学校不大重视学生的体育锻炼，缺乏对学生身体健康关心的批评；又有对某些只注重读书，不参加体育锻炼的学生的警醒。挽联用白话写出，通俗明了，大体上相互对仗，颇有点“文体解放”的意味。

对何长工

（一九二八年）

何长工：谷磨磨谷，谷随磨转，磨转谷裂出白米；
毛泽东：门锁锁门，门由锁开，锁开门敞迎故人。

抄自文三毛：《毛泽东巧对何长工》，《对联》1994 年筹备组一期。

毛泽东率秋收起义的部队进驻井冈山后，将王佐的武装力量改编为工农革命军第二团，派何长工去任党代表。一天，毛泽东散步来到一间磨房，见一老农在推磨磨谷，正要去帮忙，何长工来了，见磨转谷破米出，忽灵机一动，出了“谷磨磨谷……”的上联请毛泽东对。毛泽东连说：“妙对！妙对！”想了想，又说：“要对出下联很难，让我多想想。”二人来到毛泽东住处，毛泽东见警卫开锁推门，顿时灵感闪现，略一思索，便对何长工说：“我的下联有了。”接着便念出了“门锁锁门……”的下联。何长工听了，也连声说好。

这副对联，用了顶真、回文修辞，描写了生活中常见情景，虽带点文字游戏味道，但甚见作者的才思。

挽杨十三先生

(一九三九年九月)

国家在风雨飘摇之中，对我辈特增担荷；
燕赵多慷慨悲歌之士，于先生犹见典型。

抄自高菊村等:《青年毛泽东》(修订版)，中共文献出版社 2008 年 11 月版

杨十三(1889—1939)，本名裕民，因排行十三，故名，河北迁安县人。抗战爆发后，他投身民族解放事业，组织民众，建立抗日武装，任职华北人民抗日联军政治部，率部转战冀东，1939 年 7 月 21 日，因心脏病突发去世。八路军总部开追悼会，朱德主持，毛泽东送了这副挽联。

上联，国家正处于危亡之秋，如大厦在风雨飘摇之中，正需要抗日中坚人才。杨十三去世是抗日的损失，我辈的担子更重了，表达了对杨去世的痛惜之情。下联，因杨十三是河北人，便引用唐韩愈《送董邵南序》中语“燕赵古称多慷慨悲歌之士”，称颂杨是激昂壮烈的豪杰，意在表彰杨的抗日功绩。此处用典，极为贴切自然。

挽葛太夫人

（一九四三年三月）

老妇人　新妇道

儿英烈　女英雄

抄自巫祖才：《毛泽东制联的对立统一思想》，《对联》1994年第一期。

葛太夫人：葛健豪（1865—1943），湖南湘乡人，先后生了蔡和森、蔡畅等六个子女。1914年春，她带领全家到长沙求学，自己也进湖南女子教养员养成所读书，1918年底，她53岁，同女儿蔡畅及向警予赴法勤工俭学，1923年回国，1925年任长沙平民职业女子学校校长。1927年八七会议后，她随蔡畅、李富春到上海，一面带小孩，一面做革命工作，1928年回到老家，1943年3月16日逝世。毛泽东送了这副挽联。

上联，赞美葛太夫人崇高的革命品德，她虽生活在旧时代，却是新型妇女，有崇高的思想、行为。下联，称颂葛太夫人为革命作出的伟大贡献。“儿英烈”，指她的儿子蔡和森为革命牺牲；“女英雄”，指蔡畅，她是无产阶级革命家，是中国妇女运动的杰出领导人，国际妇女运动的著名活动家。他们的成长，都得力于母亲的鼓励、支持、教育。

挽联语少意丰，浅中寓深，平中寓奇，构思佳妙，是大手笔之作。

挽续范亭同志

（一九四七年九月）

为民族解放，为阶级翻身，事业垂成，公胡遽死？
有云水襟怀，有松柏气节，典型顿失，人尽含悲！

抄自沉翀：《风骚长留天地间——也谈毛泽东对联》，《历史大观园》1989 年第六期。

续范亭（1893—1947），山西崞（guō）县（今原平市）人。早年参加同盟会，辛亥革命时任革命军山西远征队队长，后在国民党军任职；1935 年因痛恨国民党政府卖国，在南京中山陵哭陵后剖腹自杀，遇救未死，后积极参加抗日救亡活动；1947 年 9 月 12 日病逝，在遗书中请求入党，经中共中央批准，追认为中共党员。举行葬礼时，毛泽东由陕北去电致唁，送了花圈和这副挽联。

这副挽联，原由谢觉哉代拟。原文是："为民族翻身，为阶级翻身，事业垂成，公胡遽死？眼睛亮得很，骨头硬得很，典型顿失，人尽含悲。"

毛泽东大笔一改，挽联便显得更为工整，含蕴更丰，更富于艺术性。

为中华全国体育总会成立大会题联

（一九五二年六月二十日）

发展体育运动
增强人民体质

抄自《毛泽东题词墨迹选》。

1952年6月20日中华全国体育总会举行成立大会，毛泽东题写了这副对联。

毛泽东是党和国家的最高领导人，他题词不单有一般祝贺的用意，更在于有指导意义，常常既是指导方针，又是指导思想。新中国建立几十年来，开展体育运动，进行体育工作，都是遵循这副对联的思想。这副对联的构思非常精妙。一、说明了发展体育运动的重大意义，在于增强全国人民的体质，这是强种强族的大事，这是洗刷帝国主义污蔑中国人是“东亚病夫”的耻辱的大事；二、规定了发展体育运动的根本性的目的或者宗旨；三、揭示了发展体育运动与增强人民体质之间的因果辩证关系。这虽是一副宽对，却是对联中难得的精品。

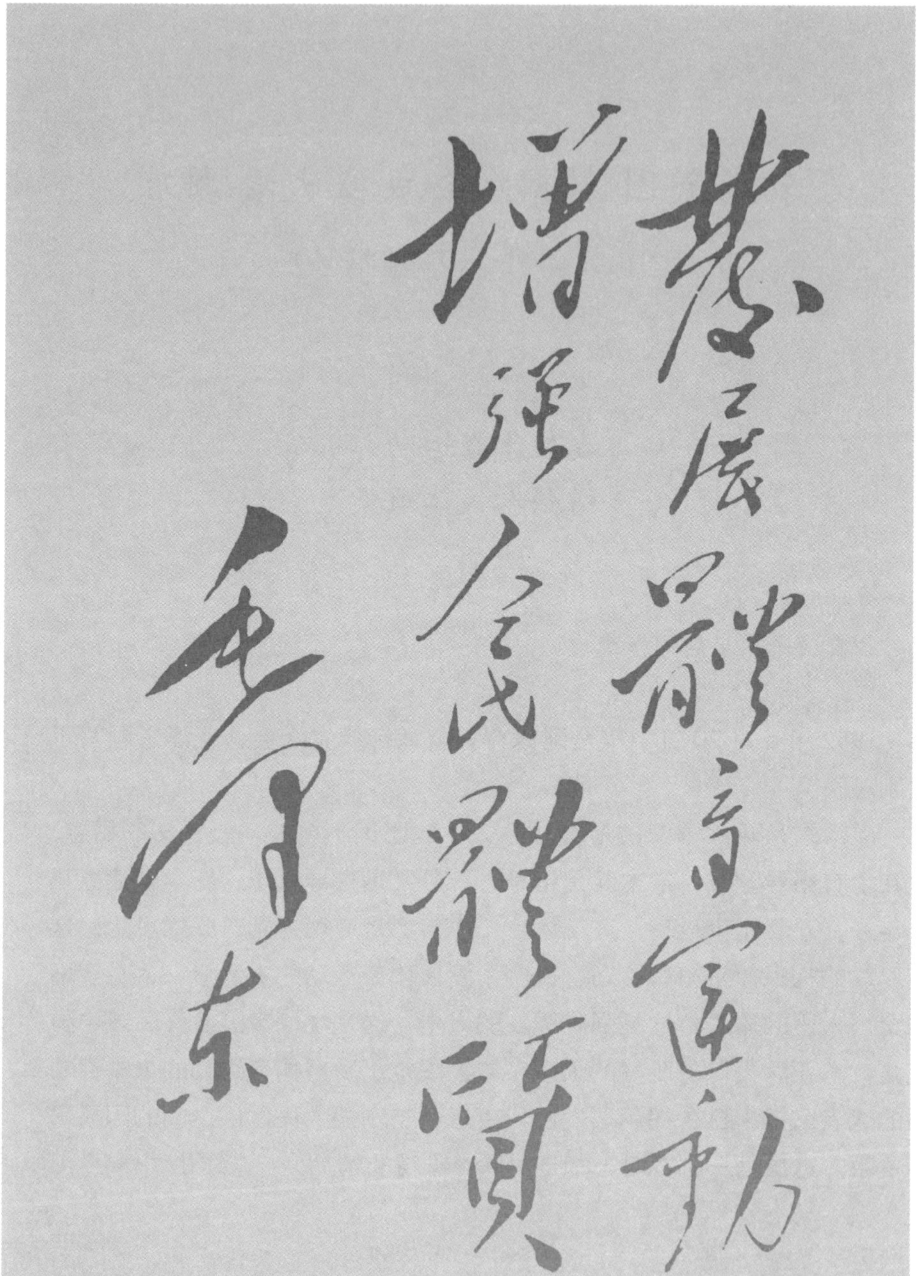

为中华全国体育总会成立大会题联（手迹之一）

赠叶剑英同志

（一九六七年前后）

诸葛一生惟谨慎，
吕端大事不糊涂。

抄自范硕：《叶剑英在1976》，中共中央党校出版社1990年1月版。

诸葛：诸葛亮（181—234），三国时蜀汉丞相，政治家，军事家，魏将司马懿说："亮平生谨慎。"谨慎：郑重、细心，即古人所谓"临事而惧，好谋而成"之意。

吕端（935—1000）：北宋大臣，太宗至道元年（公元995年）任宰相，太宗称吕端"小事糊涂，大事不糊涂"。

这是一副集句联，集自明代李贽的《藏书》。毛泽东晚年，一次同身边的人员谈到叶剑英，说他是立了大功的人，并引用这两句话来评价他。不久，毛泽东当面将这两句话赠给了叶剑英。聂荣臻元帅曾说："纵观叶剑英同志一生，每逢革命的关键时刻，他总是挺身而出，义无反顾，以超人的无产阶级革命胆略，勇敢机智地捍卫革命利益。他的这种精神何等的可贵啊！他的革命立场，他的原则性，是何等的坚定啊！吕端大事不糊涂，他是无产阶级的吕端！"这一集句联，可以说是对叶剑英一生最好的总结与评价。

附录：毛泽东关于诗词的书信

致臧克家等

（一九五七年一月十二日）

克家同志和各位同志：

惠书早已收到，迟复为歉！遵嘱将记得起来的旧体诗词，连同你们寄来的八首，一共十八首，抄寄如另纸，请加审处。

这些东西，我历来不愿意正式发表，因为是旧体，怕谬种流传，贻误青年；再则诗味不多，没有什么特色。既然你们以为可以刊载，又可为已经传抄的几首改正错字，那末，就照你们的意见办吧。

《诗刊》出版，很好，祝它成长发展。诗当然应以新诗为主体，旧诗可以写一些，但是不宜在青年中提倡，因为这种体裁束缚思想，又不易学。这些话仅供你们参考。

同志的敬礼！

毛泽东

一九五七年一月十二日

致李淑一

（一九五七年五月十一日）

淑一同志：

惠书收到。过于谦让了。我们是一辈的人，不是前辈后辈关系，你所取的态度不适当，要改。已指出“巫峡”，读者已知所指何处，似不必再出现“三峡”字面。大作读毕，感慨系之。开慧所述那一首[①]不好，不要写了罢。有《游仙》一首为赠。这种游仙，作者自己不在内，别于古之游仙诗。但词里有之，如咏七夕之类。我失骄杨君失柳，杨柳轻飏直上重霄九。问讯吴刚何所有，吴刚捧出桂花酒。　　寂寞嫦娥舒广袖，万里长空且为忠魂舞。忽报人间曾伏虎，泪飞顿作倾盆雨。

暑假或寒假你如有可能，请到板仓代我看一看开慧的墓。此外，你如去看直荀的墓的时候，请为我代表致悼意。你如见到柳午亭先生时，请为我代致问候。午亭先生和你有何困难，请告。

为国珍摄！

毛泽东

一九五七年五月十一日

---

① 那一首：指《虞美人·枕上》。

致胡乔木

（一九五八年七月一日）

乔木同志：

睡不着觉，写了两首宣传诗[①]，为灭血吸虫而作。请你同《人民日报》文艺组同志商量一下，看可用否？如有修改，请告诉我。如可以用，请在明天或后天《人民日报》上发表，不使冷气。灭血吸虫是一场恶战。诗中坐地、巡天、红雨、三河之类，可能有些人看不懂，可以不要理他。过一会，或须作点解释。

毛泽东

七月一日

① 两首宣传诗：指《七律二首·送瘟神》。

《词六首》引言[①]

（一九六二年四月）

这六首词，年深日久，通忘记了。《人民文学》编辑部搜集起来，要求发表，因以付之。回忆了一下，这些词是在一九二九至一九三一年在马背上哼成的。文采不佳，却反映了那个时期革命人民群众和革命战士们的心情舒快状态，作为史料，是可以的。

① 《词六首》：指《清平乐·蒋桂战争》、《采桑子·重阳》、《减字木兰花·广昌路上》、《蝶恋花·从汀州向长沙》、《渔家傲·反第一次大“围剿”》、《渔家傲·反第二次大“围剿”》。

致陈毅

（一九六五年七月二十一日）

陈毅同志：

你叫我改诗，我不能改。因我对五言律，从来没有学习过，也没有发表过一首五言律。你的大作，大气磅礴。只是在字面上（形式上）感觉于律诗稍有未合。因律诗要讲平仄，不讲平仄，即非律诗。我看你于此道，同我一样，还未入门。我偶尔写过几首七律，没有一首是我自己满意的。如同你会写自由诗一样，我则对于长短句的词学稍懂一点。剑英善七律，董老善五律，你要学律诗，可向他们请教。

西　　行

万里西行急，乘风御太空。
不因鹏翼展，哪得鸟途通。
海酿千钟酒，山栽万仞葱。
风雷驱大地，是处有亲朋。

只给你改了一首，还很不满意，其余不能改了。

又：诗要用形象思维，不能如散文那样直说，所以比、兴两法是不能不用的。赋也可以用，如杜甫之《北征》，可谓“敷陈其事而直言之也”，然其中亦有比兴。“比者，以彼物比此物也”，“兴者，先言他物以引起所咏之词也”。韩愈以文为诗。有些人说他完全不知诗，则未免太过，如《山石》、《衡岳》、《八月十五酬张功曹》之类，还是可以的。据此可以知为诗之不易。宋人多数不懂诗是要用形象思维的，一反唐人规律，所以味同嚼蜡。以上随便谈来，都是一些古典。要作今诗，则要用形象思维方法，反映阶级斗争与生产斗争，古典绝不能要。但用白话写诗，几十年来，迄无成功。民歌中倒是有一些好的。将来趋势，很可能从民歌中吸引养料和形式，发展成为一套吸引广大读者的新体诗歌。又李白只有很少几首律诗，李贺除有很少几首五言律外，七言律他一首也不写。李贺诗很值得一读，不知你有兴趣否？

祝好！

毛泽东

一九六五年七月二十一日

出版后记

一、毛泽东同志是革命领袖、一代天骄，他不仅胸怀雄才大略，而且多才多艺，尤其在诗词与书法方面硕果累累，造诣极高。他的笔墨潇洒豪迈、大气磅礴，深受人民群众的喜爱，一直风靡神州。为此，我社特约请研究毛泽东诗词的专家田秉锷先生编撰《毛泽东诗词鉴赏》，郑重出版，以飨读者。

二、目前流行着多种版本的毛泽东诗词，它们在入选标准上各有侧重，取舍不尽相同。我们推出的这个版本，在编排上参照了中央文献出版社 1996 年 7 月版《毛泽东诗词集》。注释和赏析部分本着求实、求真、求新、求美的原则，以充分展示毛泽东诗词思想性、艺术性中最感人的魅力。

三、本书中的毛泽东诗词手迹，是从中央文献出版社与线装书局合出的《毛泽东诗词手迹》一书中选取的，以便展示毛泽东书法的精髓。同时。为全面展示毛泽东的艺术观，精选了毛泽东的部分对联（注释引自长江文艺出版社 2000 年 4 月版《毛泽东诗词对联书法集观》）及其关于诗词的书信。书中卷首的毛泽东油画原载于 1967 年《人民画报》封面，其余照片原载岭南美术出版社《丰碑·二十世纪中国三伟人》。请相关著作权人与本社联系有关付酬事宜。

上海三联书店

2012 年 9 月